SUPERTRICKS

FÜR HEIMWERKER

SUPER TRICKS FÜR HEIMWERKER

444× NÄGEL MIT KÖPFEN

JAKOB THOMA

Stiftung Warentest

INHALT

1 SUPERCLEVER ab Seite 8

Durch Glas bohren? Seite 13 Eine Schnur als Tragehilfe? Seite 30 Hammermäßige Dämpfung? Seite 60 Anti-Rutsch-Farbe mit Struktur anmixen? Seite 76 Klemmen aus PVC-Rohrstücken? Seite 95 Feinschliff für Kippelstühle? Seite 103 Erste Hilfe bei verhunztem Holz? Seite 113

2 SUPEREASY ab Seite 116

Kleinkram organisieren im Muffinblech? Seite 119 Bleistift immer parat? Seite 121 Schleifpapier total von der Rolle? Seite 124 Lattenrost für 35 Euro bauen? Seite 128 Wasser bändigen? Seite 136 Giftstoffe am Geruch erkennen? Seite 142

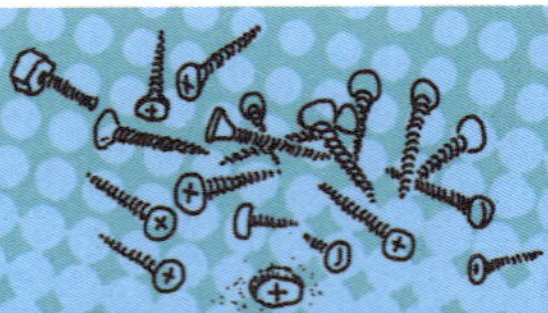

3

SUPERTRENDY ab Seite 144

Kaffeekapseln als Deko? Seite 146 Flaschenhälse als Tischbeine? Seite 152 Tassen als Vorhanghalterung? Seite 154 Neue Lasten für alte Koffer? Seite 158 Beton geht auch in schick? Seite 163 Bilder zu Hause perfekt in Szene setzen? Seite 170

4

SUPERSTYLISH ab Seite 172

Schicke Schattierungen mit Ombré? Seite 176 Möbel tapezieren? Seite 179 Tolle Tricks mit Tafelfarbe? Seite 182 Im Ofen gebackene Glaskugeln? Seite 185 Wichteln wie die Dänen? Seite 188 Küchenuntersetzer aus Kieselsteinen? Seite 193 Perfekte Patina über Nacht? Seite 196

ANHANG ab Seite 200

Testergebnisse Seite 202

Register Seite 204

MIT HANDFESTEN HACKS ALLES IM GRIFF

Hände sind was Herrliches. So beweglich, so vielseitig. Wäre doch schade, wenn man sie nur als Kaffeetassenhalter oder als wischfreudiges Handyzubehör verwenden würde!

Gehören auch Sie zu diesen Energiebündeln, die den eigenen Händen mehr Action zutrauen? Vielleicht weil Sie beruflich den ganzen Tag über nur auf der Tastatur und dem Touchscreen rumdaddeln und einen Ausgleich suchen? Dann stehen die Chancen nicht schlecht, dass Sie ein echter Heimwerker sind oder es möglichst bald werden wollen.

Heimwerker, das sind die Abenteurer unter den Zuhausebleibern: immer volle Fahrt voraus in die unbekannten Herausforderungen des nächsten Reparatur-, Bau- oder Bastelprojekts. Auch wenn hier und da mal Gegenwind blasen sollte, weil der Rest der Familie meuternd dafür plädiert, doch lieber einen Profi-Handwerker ins Haus zu holen, lassen sie sich nicht davon abbringen und gehen die Sache an. Denn Übung macht schließlich den Meister.

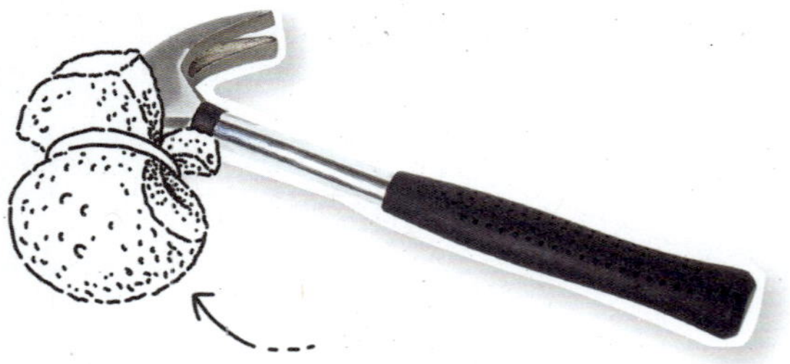

DIE SUPERTRICKS – IHR HEIMWERKER-NAVI

Beim Werkeln geht natürlich hier und da auch was schief. Da kriegt man schon mal die Krise und stellt neue Rekorde im Werkstückweitwurf auf.

Klar, Fehler sind dafür da, um aus ihnen zu lernen, aber die meisten möchte man doch lieber von vorneherein vermeiden. Wer macht sich schon gern doppelte Arbeit? Daher ist es umso wichtiger, einen verlässlichen Navi an Bord zu haben, mit dem man die steilsten Klippen umschifft und das Vorwärtskommen vereinfacht.

Bei diesem Navi handelt es sich um die Supertricks und Life Hacks: Sie bieten Ihnen zahlreiche nützliche Handgriffe und Abkürzungen, die beim Werkeln Zeit, Geld und Nerven sparen.

Wie lässt sich der richtige Dübel im perfekten Bohrloch versenken? Was kann man tun, um beim Tapezieren schneller voranzukommen? Wie lässt sich Tafelfarbe am kreativsten einsetzen? Was kann man in Sachen Upcycling mit alten Glühbirnen, Flaschen und Golfbällen

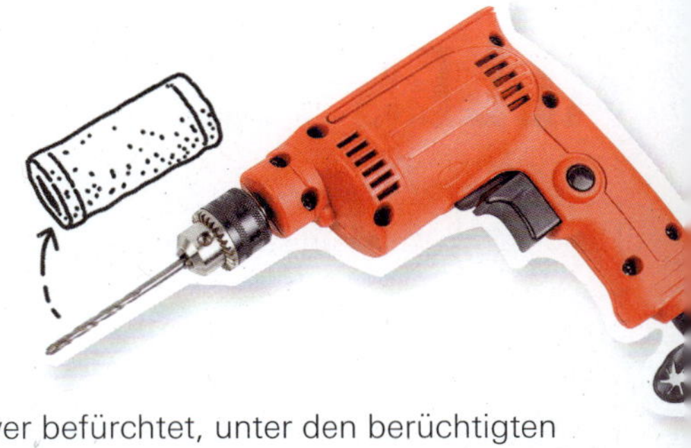

anstellen? Mit welchen Techniken kann man Möbel im Zeitraffer altern lassen, um einen Shabby Chic-Look zu kreieren? Das alles und noch viel mehr erfahren Sie auf den folgenden Seiten.

DIY – EINFACH EIN GENIALES GEFÜHL

Do it yourself, abgekürzt mit DIY, heißt es immer öfter. Etwas selbst hergestellt zu haben und das Zuhause selbst gestalten und stylen zu können, ist ein tolles Gefühl – und ein schiefes Tischchen ist notfalls einfach Kunst und so gewollt. Ob Holzwerker, Tapezierer oder Malermeister: DIY macht richtig Laune!

Selbst wer befürchtet, unter den berüchtigten zwei linken Händen mit zehn Daumen zu leiden – tagesformabhängig oder ganzjährig – wird diesen Aberglauben mithilfe der handfesten Hacks rasch abschütteln und alles in den Griff bekommen. Denn wenn mal was ist, steht man nicht nur dumm da, sondern ist auf Zack und weiß sich selbst zu helfen.

Und wenn nach getaner Arbeit grad mal keiner da ist, um Ihre Heimwerkerheldentaten gebührend zu loben, bleibt immer noch „Do it yourself!" – natürlich mit Ihren vielseitigen Multitools, den Händen, diesmal als Schulterklopfer.

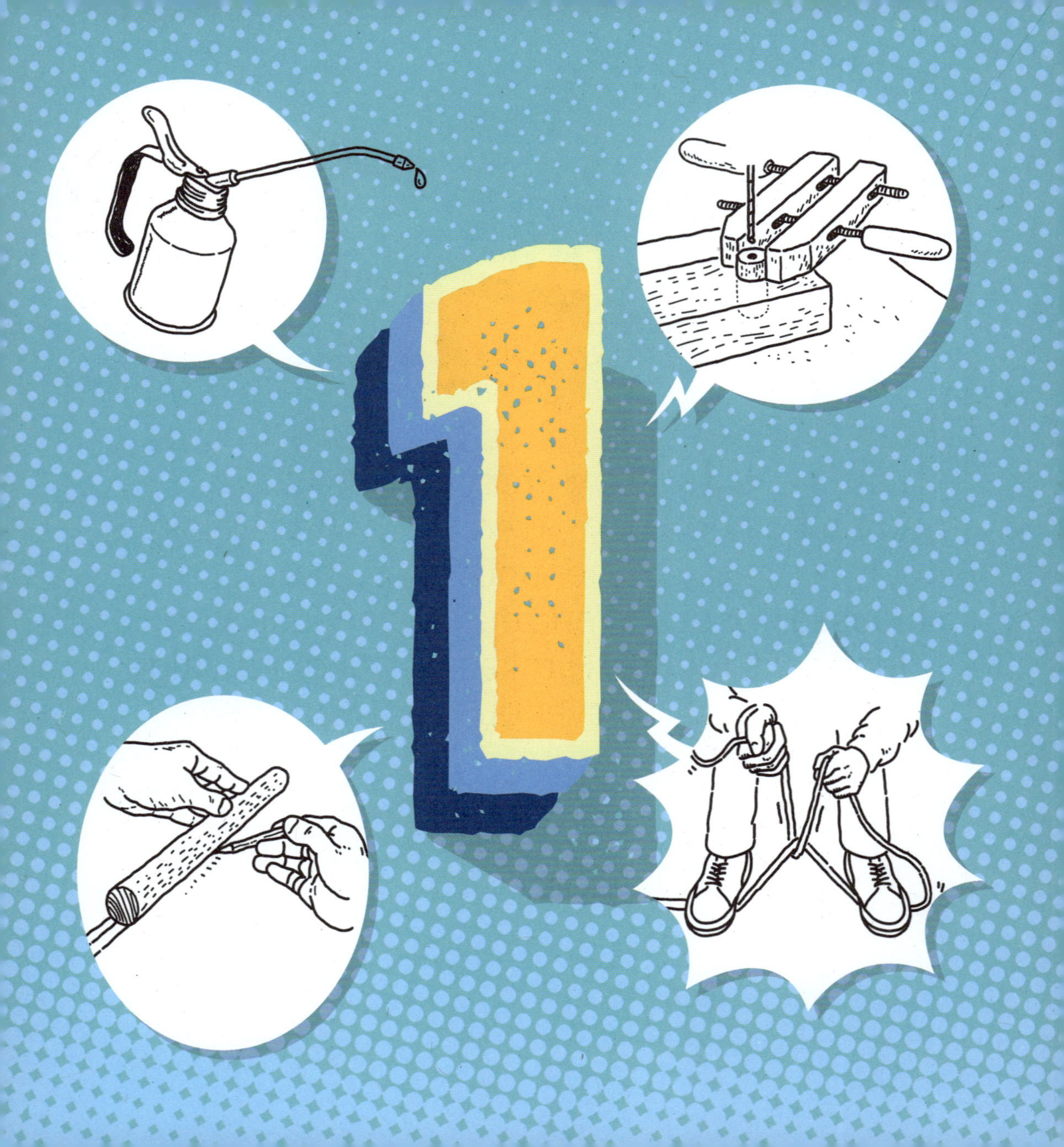

SUPERCLEVER

Heimwerken – die hohe Kunst des Improvisierens. Wo sonst werden Tipps, Hacks und Kniffe gebraucht, wenn nicht hier? Was hochwertige Hämmer und Schraubenschlüssel für den Werkzeugkasten, das sind Supertricks für den Hirnkasten: eine prächtige Ausrüstung zum clever durchstarten!

GENIAL GEBOHRT

Der Bohrer wird zum Zwirbler, wenn man die beiden Enden eines Drahts ins **Bohrfutter** einspannt. So lassen sich mehrere Gegenstände eisern zusammenbinden.

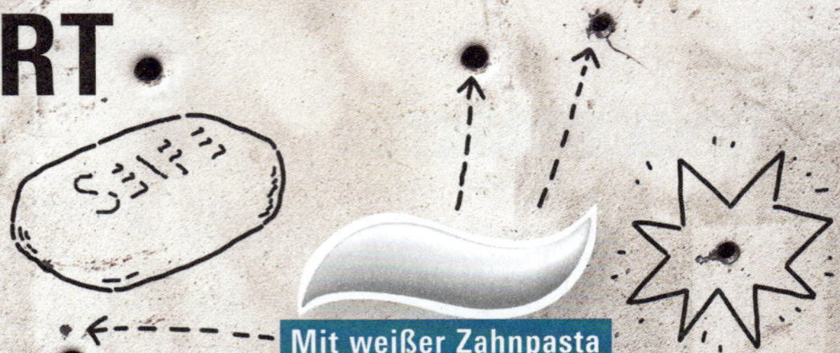

Mit weißer Zahnpasta werden kleine Bohrlöcher wieder unsichtbar, falls gerade keine Spachtelmasse da ist: einfach ins Bohrloch drücken und trocknen lassen. Das Loch ist größer? Mit Watte umwickeltes **Streichholz** reinstecken oder ein Stückchen vom Papiertaschentuch – danach Zahnpasta drauf. Oder, falls vorhanden, ein Klecks Farbe.

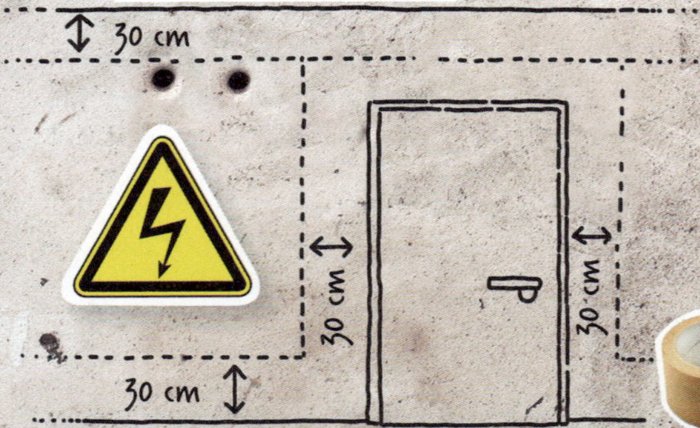

Nicht zu nahe an Türen, Zimmerecken, Decken und Boden bohren!

Als grobe Faustregel mindestens 30 cm Abstand halten, da dort die meisten elektrischen Leitungen senkrecht und waagerecht verlaufen. Oder: **Leitungssucher** verwenden.

Den Bohrfutterschlüssel wieder verschlampt?

Falls die Halterung an der Bohrmaschine kaputt gegangen ist, den Schlüssel am besten mit Gewebeklebeband oder Draht am Kabel befestigen. 50 – 100 cm sollte der **Abstand zur Maschine** betragen, um genügend Spielraum beim Wechseln der Einsätze zu haben.

Wie tief muss das Loch sein, damit der Dübel reinpasst? Die Länge der Schraube am Bohrer markieren, indem man etwas **Klebeband** darumwickelt – immer etwas länger als der Dübel. Die Markierung zeigt, wann es genug ist mit Bohren.

Soll beim Bohren durch Holz das Loch an der Unterseite nicht ausfransen, ein entbehrliches Stück Holz darunter oder dahinter platzieren und dann bis ins **„Opferholz“** reinbohren. Durch diese Rückendeckung bleiben einem Ausrisse erspart, da die Holzfasern am Austrittspunkt stabilisiert werden.

Damit der Bohrer auf glatten Flächen (z. B. auf Fliesen) nicht wegrutscht, vorher ein Stück Pflaster oder **Kreppband** auf die Stelle kleben. Auf diese Weise findet der Bohrer leichter Halt.

Wenn der Bohrer auf der Oberfläche, etwa auf Holz oder Metall, leicht wegglitscht und planlos durch die Gegend torkelt, am besten zunächst mit **Körner oder Vorstecher** eine kleine Kerbe machen. Und schon weiß der verwirrte Bohrer ganz schnell, wo es langgeht.

PAPIERBOHRER

BEIM VERSUCH, mit einem Holz- oder Metallbohrer Löcher durch Papier zu bohren, kann man was erleben – aber nichts Gutes. So geht's besser:

Mit durchlöchertem Papier, etwas **RINGBUCH-DRAHT** und zwei alten Floppy Disketten lässt sich fix ein nerdiges Notizbuch basteln.

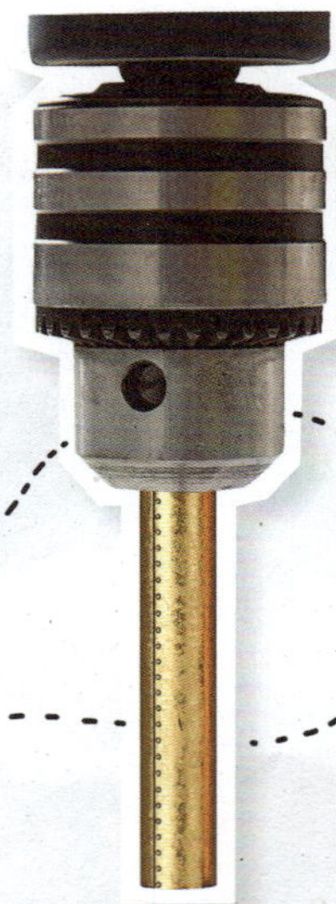

handelsüblicher Papierbohrer

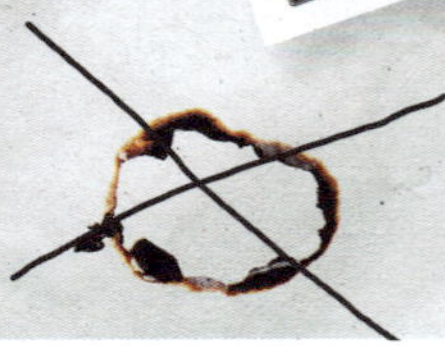

Mit dem DIY-Papierbohrer lässt sich beispielsweise auch Leder durchlöchern.

WER OHNE PAPIERBOHRER bohrt, wird nur Gehäcksel und Brandflecken erhalten. Aber so ein Bohrer lässt sich auch selbst basteln: Einfach ein kleines, dünnes Stück Messingrohr oder ein Stück alte Radioteleskopantenne ins Bohrmaschinenfutter spannen. Die Kanten des Rohrs mit einem Schleifgerät schärfen – schon kann man z. B. Notizbücher durchbohren, um eine Kette durchzuziehen. Oder ein Vorhängeschloss anbringen, damit keiner das Tagebuch liest.

GLAS DURCHBOHREN

DAMIT SIE NICHT PLÖTZLICH vor einem Scherbenhaufen stehen, wird beim Bohren in Glas erst mal ein Damm errichtet.

HABEN SIE BISHER NUR HOLZ durchlöchert, auf jeden Fall vorher an einem entbehrlichen Stück Glas üben. Die Glasplatte oder Fliese auf einen flachen Untergrund legen, z. B. eine Holz- oder Styroporplatte. Rundherum um die Bohrstelle einen Damm aus Dichtungsmasse auftragen. Terpentin oder Vaseline in die Mitte gefüllt, kühlt und schmiert den Bohrer. Kurz bevor der Bohrer die andere Seite erreicht, die Platte umdrehen und von der Rückseite durchbohren.

WAND SUCHT DÜBEL …

… für eine feste, dauerhafte Beziehung. Wenn Sie diesem traumhaften Happy End nicht im Wege stehen wollen, gilt es, einiges zu beachten. Falls der Dübel nicht zum Baustoff der Wand passt, sind trotzdem wackelnde Schrauben, rieselnder Bohrstaub und Regalbretter im Sturzflug vorprogrammiert. Beachten Sie das Gewicht des aufzuhängenden Gegenstands. Für sehr schwere Lasten, etwa Markisen, eignen sich chemische Dübel, die aus der Kartusche ins Bohrloch gespritzt werden und dort aushärten. Wichtig ist auch die Reinigung des Bohrlochs.

1 Erstmal auf den Putz hauen

In was für vier Wänden wohnen Sie eigentlich? Klopfen Sie kräftig mit der Faust an die Wand. Wenn's hohl klingt und nachfedert, sind es Gipskartonplatten oder andere Platten vor Hohlräumen. Wenn's dumpf klingt und sich hart anfühlt, handelt es sich um solides Mauerwerk oder Beton. Genaueres ergibt die Probebohrung: rotes Bohrmehl deutet auf eine Ziegelwand hin. Stoßen Sie beim Bohren hin und wieder ins Leere, sind es Lochziegel – falls nicht, wohnen Sie in massiven Vollsteinen.

2 Für Steine mit Hohlräumen

Ist das Bohrmehl weiß, besteht die Wand aus Kalksand. In Steinen mit Hohlräumen können Dübel nur geringere Lasten tragen. Für Gegenstände bis wenige Kilogramm empfehlen sich relativ lange Universaldübel mit 6 mm Dicke. Diese spreizen sich auf oder bilden Knäuel und verankern sich so in den Hohlräumen. Je schwerer die Last, desto tiefer der Dübel: Hier kommen z. B. spreizende Langschaftdübel infrage. Bohren Sie hierbei ohne Schlag, damit im Inneren des Steins möglichst wenig kaputt geht.

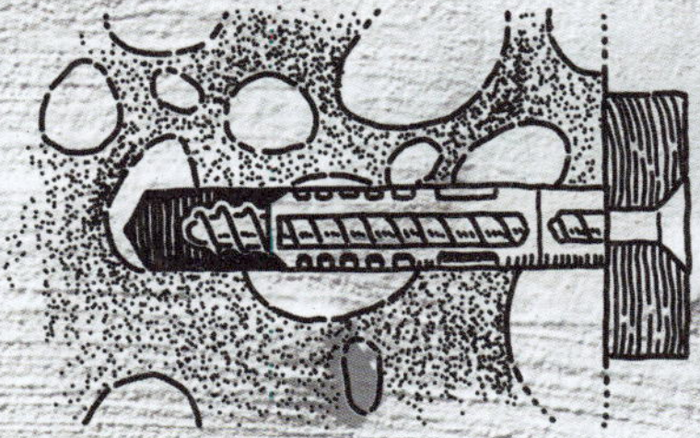

3 Für Beton und Stein

Ist der Untergrund durchgängig so hart, dass man nur mit Schlag vorankommt, handelt es sich um Beton, Kalksand(voll)stein (feines, graues Bohrmehl) oder Ziegel (rotes oder gelbes Bohrmehl). Ideal zum Dübeln. Bei Leichtem bis Mittelschwerem können Universal- und Spreizdübel mit 6 mm Dicke eingesetzt werden. Für Lasten von 25–35 Kilogramm greifen Sie zu ihren größeren Verwandten mit 8 mm Dicke. Bei 50- bis 100-Kilogramm-Lasten sind 10 mm Dicke angesagt – oder als Alternative auch chemische Dübel.

4 Für Porenbeton

Kommt der Bohrer zügig voran, steckt er in Poren- bzw. Gasbeton oder einem anderen weichen Material. Bei leichten Lasten sind Universaldübel eine gute Wahl. Je schwerer die Last, desto tiefer und fester die Verankerung. Spezielle Poren- und Gasbetondübel brauchen Sie hier – sie werden mit dem Hammer ins Bohrloch getrieben. Belastbar sind sie je nach Durchmesser oft mit 20–40 Kilogramm. Schwerere Lasten halten hier nur begrenzt. Chemische Dübel können aber 50 Kilogramm oder mehr verankern.

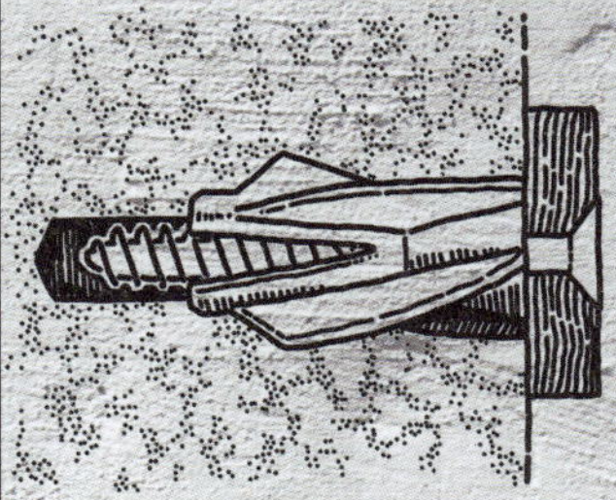

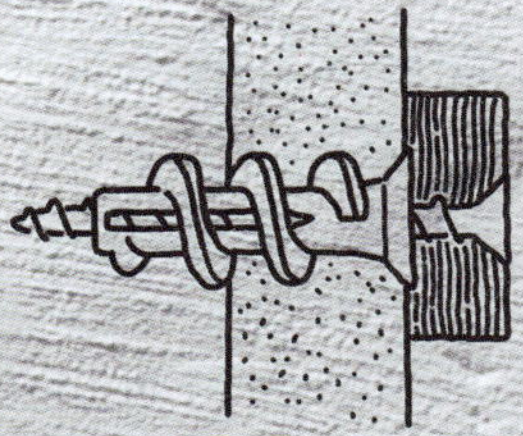

5 Für Gipskartonplatten

Die Platten sind meist nur 12,5 mm dünn. Zum Teil sind zwei Lagen übereinander auf das Gerüst (Ständerwerk) geschraubt, das die Platten hält. Für Leichtes sind Universaldübel empfehlenswert, die hinter den Platten ein Knäuel bilden oder aufklappen. Alternativ gibt es Spiraldübel, die sich oft ohne Vorbohren einschrauben lassen. Mit 20 kg belastbar sind Hohlraum-Metalldübel, die sich beim Anziehen der Schraube aufspreizen. Bei schwerer Last sind Querschienen sinnvoll, die das Gewicht mithilfe mehrerer Hohlraummetall- oder Federklappdübel großflächig verteilen.

DÜBELZIEHER

DER DÜBEL SITZT FEST? Der soll sich mal locker machen! Aber der Retter wartet schon im Weinregal.

Statt des Korkenziehers kann auch eine **PASSENDE SCHRAUBE** helfen. Nur ein wenig hineindrehen, bis sie Halt findet, dann mit der Hand ziehen oder mit der Zange anpacken.

Wenn gar nichts hilft: Mit einem Bohrer **HINEINBOHREN,** den Dübel dadurch zerstören, das Loch reinigen und zuspachteln.

DER UNIVERSALDÜBEL hat seine Schuldigkeit getan – er darf gehen. Will er aber nicht. Wenn er es sich häuslich eingerichtet hat, schnappt man sich rasch einen Korkenzieher. Diesen nur ein bisschen ins Dübelloch hineindrehen, sodass er sicher greift. Achtung: Nicht so weit, dass der Dübel sich auseinander spreizt und weiter in der Wand verkeilt. Schließlich den Korkenzieher mit Vorsicht herausziehen, damit das Loch nicht unnötig vergrößert wird.

BOHR- UND NAGELLÖCHER SAUBER VERKITTEN

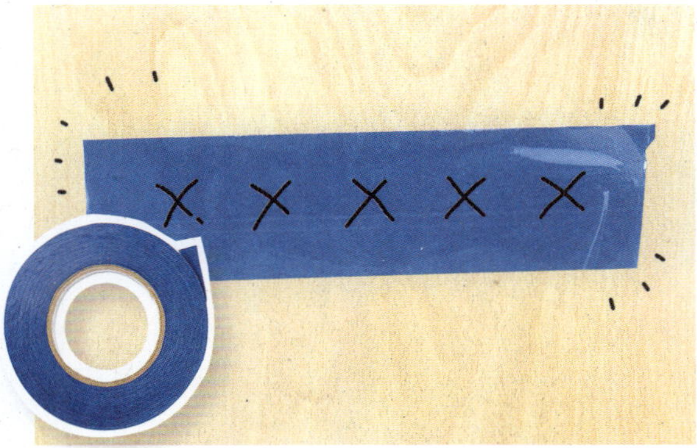

1. Wenn Sie Schrauben- oder Nagelköpfe mit Holzkitt abdecken wollen, muss das nicht in eine Schmiererei ausarten. Zuerst die Stellen mit Kreppband abkleben und die Löcher markieren.

2. Durch das Kreppband an den markierten Stellen einen Nagel einschlagen (Kopf mit einem Dorn versenken) bzw. Loch bohren und Schraube eindrehen, bis der Kopf im Holz versenkt ist.

3. Die Löcher mit Holzkitt zuschmieren. Hier ist keine große Vorsicht nötig, das Kreppband deckt ja das gute Werkstück ab.

4. Kreppband entfernen – übrig bleiben sauber verkittete Löcher. Hilft auch beim Leimen, wenn Dübel in die Bohrlöcher geschlagen werden: herausquellender Leim landet auf dem Band.

FORSTNERBOHRER

Riesenlöcher in Holz

Um Löcher mit Durchmessern zwischen 15–50 Millimetern in Holz zu bohren, durch die man Kabel und Schnüre führen kann, greift man am besten zu einem Forstner-Bit. Aber auch zum Herstellen von Sacklöchern für den Einbau von Topfscharnieren eignet sich dieser Bohrertyp hervorragend.

Er besitzt einen zylindrischen Schneidkopf und schneidet mit zwei halbkreisgroßen Umfangschneiden, die das Holz besonders gut einritzen.

Für allzu tiefe Bohrungen eignet sich dieses Bit allerdings nicht. Da sind Sie mit einem Schlangenbohrer besser bedient. Dessen Zentrierspitze hat ein Gewinde, das den Bohrer beim Bohren ins Holz zieht. Auch die Spanförderung ist hier besonders gut.

Hitzig, hitzig

Die großen Schneideflächen des Forstnerbohrers in Kombination mit den hohen Drehzahlen, die beim Bearbeiten von Holz zum Einsatz kommen, lassen das Bit leicht überhitzen.

Achten Sie daher darauf, dass Sie am besten einen Bohrer mit Kerben in der äußeren Schneide kaufen – durch sie wird die Kontaktfläche zwischen Bit und Holz verringert. Dies führt dazu, dass weniger Reibung stattfindet und dementsprechend weniger Wärme entsteht.

Loch nachträglich vergrößern

Ist das Loch beim ersten Mal zu klein geraten? Einfach nochmal mit einem größeren Bit ansetzen funktioniert nicht, da der Zentrierspitze nun der Halt fehlt. Nehmen Sie stattdessen ein Brett und bohren Sie ein Loch in der gewünschten Größe hinein.

Das große Loch anschließend über das kleine legen, am besten mit Zwingen fixieren, und bohren – auf diese Weise hat der Forstnerbohrer am Rand genügend Holz zu greifen, um sicher geführt das Loch vergrößern zu können.

SÄGEMEHLFLUCHTWEG

DIE LOCHSÄGE kann nur allzu schnell überhitzen, weil die Späne sie beim Sägen verstopfen. So machen Sie den Weg frei.

Wenn die Stelle des Lochs unwichtig ist, weil es ums Ausschneiden der Scheiben geht, sägt man direkt **AM BRETTRAND** – dort können die Späne auch entfliehen.

Wer mit einem Riesenlochsägenaufsatz reihenweise Löcher in ein Brett bohrt und dort ein paar **BLUMENTÖPFE** hineinsteckt, kann ruckzuck einen hängenden Garten sein Eigen nennen.

SO GEHEN SIE VOR, um beim Sägen nicht dauernd unterbrechen und das angesammelte Sägemehl entfernen zu müssen: Das Loch mit der Lochsäge leicht anbohren, sodass sich der Umfang des Lochs deutlich auf dem Holz abzeichnet. Dann mit einem kleineren Bohrer ein Loch am Kreisrand bohren – als Notausgang für die Späne. Anschließend mit der Lochsäge das Werk vollenden. Auf diese Weise lassen sich Brandflecken auf dem Holz sicher vermeiden.

RUNDHÖLZER-REIGEN

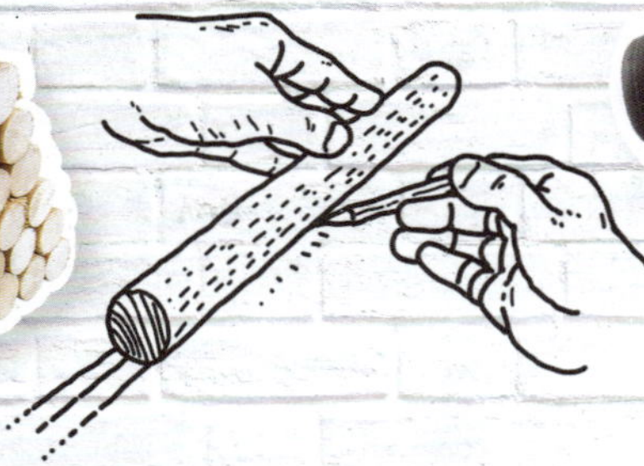

Für gerade Rundschnitte lässt sich ein **Rohrschneider** zweckentfremden. Einfach festklemmen und dann eine Runde damit drehen.

Gerade Längslinien auf ein Rundholz oder PVC-Rohr zeichnen, z. B. für eine Reihenbohrung? Wenn Sie eine **Tischkreissäge** besitzen, einfach in den Schlitz für die Gehrungslade legen, an die gewünschte Stelle drehen und dann seitlich, wo die Kante aufs Holz trifft, mit dem Stift entlangfahren. Geht auch: ein Winkeleisen verwenden.

Holzdübel plötzlich zu dick? Die Luftfeuchtigkeit kann sie anschwellen lassen. Nicht einfach so reinzwingen, sonst spalten sie noch das Holz. Lieber für 15 – 30 Sekunden in die **Mikrowelle** – dort werden sie zurechtgeschrumpft.

Ist das Rundholz immer noch zu dick, kann man es auch ins Bohrmaschinenfutter einspannen, ein Stück **Schleifpapier** darumwickeln und ihm dann rotierenderweise eine Abreibung verpassen. Dabei Rundholz hoch und runter führen, damit überall derselbe Durchmesser entsteht.

Um eng zusammenstehende Rundhölzer zu beizen,

benutzt man am besten zwei **Schwammpinsel.** Einfach am Stiel längs zusammenkleben, dann kann man das Rundholz zwischen den angeschrägten Pinselköpfen in die Mitte nehmen und von oben nach unten am Holz entlangziehen.

Kabelbinder aus Rundholz und **Gummiband** gefällig? Das Band herumwickeln, die Schlaufen ineinander stecken und festziehen. Dann das Gummiband um die Kabel ziehen und die lose Schlaufe wieder am Rundholz einhaken.

Wer einige Rundhölzer nahe der beiden Enden durchbohrt,

ein Seil durchzieht und zwischendrin immer einen Knoten setzt, kann sich ruckzuck einen feinen **Topfuntersetzer** fertigen.

Lässt sich der Zwingengriff schwer drehen?

Mittig ein Loch durch den Holzgriff bohren und ein dünnes Rundholz durchstecken. So hat man gleich eine größere **Hebelwirkung.**

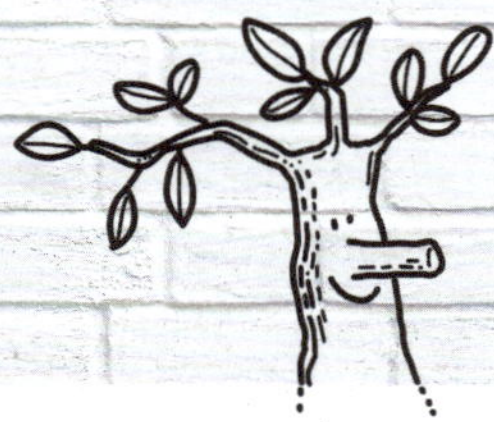

Der Durchmesser

lässt sich leicht bestimmen, wenn man das Rundholz zwischen **zwei Anschlagwinkeln** einklemmt. Dann kann man ihn einfach an der Messskala ablesen.

QUER UND MITTIG DURCHS RUNDHOLZ BOHREN

1. Ein 25 – 35 cm langes Stück von einem Kantholz absägen.

2. Den Winkel der Tischkreissäge auf 45° stellen und in die Mitte des Kantholzes mit zwei Schnitten eine V-Form schneiden.

3. Den V-Block auf dem Tisch der Ständerbohrmaschine so positionieren, dass der Bohrer sich genau in die Spitze senkt. Ganz genau wird es, wenn Sie es vorher per Mini-Bohrer zentrieren.

4. Mit einer Zwinge den V-Block am Bohrtisch festklemmen. Das Rundholz ins V legen und an der gewünschten Stelle das Loch mittig hineinbohren.

LÄNGS UND MITTIG DURCHS RUNDHOLZ BOHREN

1. Befestigen Sie mit einer Schraubzwinge ein Brett am Tisch der Ständerbohrmaschine.

2. Bohren Sie ein Loch in das Brett, das den gleichen Durchmesser besitzt wie die Rundhölzer, mit denen Sie arbeiten.

3. Stecken Sie das Rundholz in das Loch, ohne das festgeklemmte Brett zu bewegen.

4. Kleineren Bohrer Ihrer Wahl einspannen und Loch ins Rundholz bohren. Es landet automatisch haargenau in der Mitte. Falls sich das Rundholz mitdreht, per Zwinge fixieren.

DIY – SCHMERZFREI: SO VERMEIDEN SIE UNFÄLLE

1 Augenschutz

Eine Schutzbrille verhindert Verletzungen an den Augen, wenn sich z. B. beim Sägen und Fräsen Späne selbstständig machen, bei staubintensiven Aktionen wie dem Anrühren von Baustoffen oder beim Arbeiten über Kopf. Achten Sie beim Kauf darauf, dass die Brille auch einen seitlichen Schutz besitzt.

2 Gute Beleuchtung

Ihre Arbeitsfläche sollte gleichmäßig und schattenfrei ausgeleuchtet sein. Ideal ist eine Beleuchtung von mehreren Seiten, damit Sie sich durch Ihre Hände und Werkzeuge keine Schatten aufs Werkstück werfen.

Wenn Sie in dunklen, engen Ecken reparieren und werkeln, sollten Sie auf ausreichend Helligkeit in Blickrichtung achten. Dies lässt sich mit einer Stirnleuchte bewerkstelligen – einem dieser „Scheinwerfer" wie er auch von Joggern benutzt wird, die nachts stolperfrei ihre Runden drehen wollen.

So ein Spotlight können Sie sich auch schnell selbst bauen: einfach eine Schirmmütze aufsetzen und seitlich mit einer Papierklammer eine Mini-Stabtaschenlampe befestigen. Dann behalten Sie immer den Überblick und haben beide Hände frei.

3 Gehörschutz

Ab einer Lautstärke von 85 Dezibel (A) müssen Angestellte laut Arbeitsschutz in Deutschland einen Gehörschutz tragen, da sonst gesundheitliche Schäden drohen. Auch Heimwerker sollten diesen Wert entsprechend beherzigen.

Zur Orientierung: Eine Kreissäge dröhnt mit ca. 100 Dezibel (A) durch Ihre Gehörgänge.

Beachten Sie beim Kauf von Kopfhörern oder Ohrstöpseln den angegebenen SNR-Wert (engl. „Single Number Rating") – je höher der Wert, desto wirksamer die Schalldämmung.

4 Gute Belüftung

Wenn Sie mit Lacken, Klebern und anderen Chemikalien herumhantieren, sollten Sie auf die dabei entstehenden giftigen Dämpfe achten. Diese sind meist nicht nur leicht entzündlich, sondern beeinträchtigen auch Ihre Konzentrationsfähigkeit.

Da man bekanntermaßen schwindelig und bedröhnt weder die schnellsten Reflexe hat noch die allerbesten Entscheidungen trifft, sollten Sie lieber eine Atemschutzmaske tragen und an das regelmäßige Lüften denken.

EIN BAD IM ÖLPOOL

BEIM BOHREN IN METALL wird's dem Aufsatz schnell zu hitzig Mit diesem Trick erleichtern Sie sich die Kühlaktion.

WENN SIE AUF EBENER FLÄCHE IN METALL bohren, lässt es sich vermeiden, dass Sie öfter die Arbeit unterbrechen müssen, um den Bohraufsatz mit Öl zu kühlen und zu schmieren. Richten Sie dem Bohrer einfach einen Mini-Ölpool ein: Rund um die Bohrstelle eine oder mehrere Unterlegscheiben, deren Innendurchmesser größer ist als der des Bohrers, mit etwas Klebeband befestigen und mit Öl auffüllen. Schon bohren Sie für eine ganze Weile auf Normaltemperatur.

RÜCKWÄRTS VERSENKT

DIE SCHUBLADE IST ZU ENG, um mit dem Akkubohrer oder -schrauber von drinnen eine Schraube zu versenken? Geht auch von draußen!

VON DER AUSSENSEITE zunächst einmal ein Loch vorbohren. Jetzt Bohrer ausspannen und einen sogenannten Aufsteckversenker anbringen – und zwar verkehrt herum! Bohrer inklusive Versenker von der Schubladeninnenseite aus durchstecken und wieder einspannen. Akkubohrer auf „rückwärts" stellen und beim Bohren langsam zurückziehen. Nun kann der Schraubenkopf auch innen versenkt werden, um bündig mit der Oberfläche abzuschließen.

NIE MEHR DURCHDREHENDE SCHUBLADENGRIFFE!

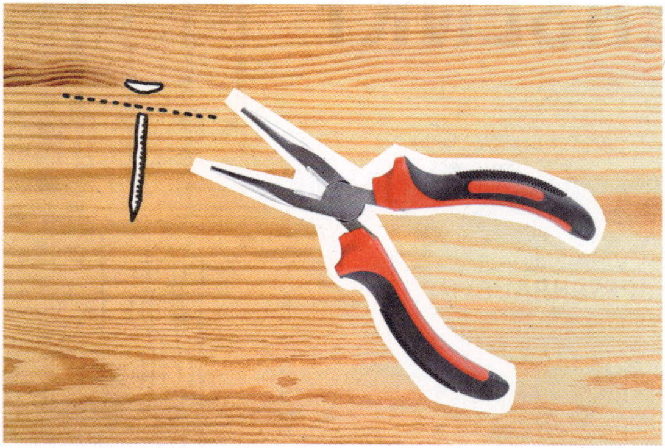

1. Knipsen Sie mit einer Spitzzange den Kopf eines kleinen Nagels ab und spannen Sie ihn in eine Bohrmaschine.

2. Bohren Sie den Nagel in die Rückseite des Schubladengriffs, mittig zwischen Rand und Loch der Schraube. Den Nagel dabei ca. 3–4 mm herausstehen lassen.

3. Den Schubladengriff auf die Schraube stecken und diese festziehen, sodass der Nagel mit ins Holz gezogen wird.

4. Da der Nagel der Schraube nun unterstützend zur Seite steht, wird der Schubladengriff nie wieder durchdrehen, egal wie sehr Sie oder Ihre Kinder daran ruckeln mögen.

AKKUSCHÄLER

KREATIV HEIMWERKEN und gleichzeitig was in der Küche gebacken kriegen? So haut's hin.

WER EINE IMPOSANTE LADUNG Äpfel oder Kartoffeln zu schälen hat, lässt sich fix vom Akkuschrauber helfen: Flachfräs-Bit einspannen und den Apfel aufspießen. Den Schrauber entweder waagerecht hinlegen oder senkrecht haltend aufstützen. Anfänger starten über der Spüle, wo die Schalen leicht zu beseitigen sind. Den Schrauber langsam starten, einen Sparschäler an den Apfel halten und quer über die Oberfläche führen, bis er ganz die Hüllen fallengelassen hat.

SPIELERISCH BOHREN

DIE BOHRLÖCHER SOLLEN 100 % gerade werden? Dann müssen Sie Junior etwas aus der Spielzeugkiste klauen.

AUCH OHNE STÄNDERBOHRMASCHINE kommen Sie Stein für Stein Ihrem Ziel näher, das Bohrloch richtig schön senkrecht hinzubekommen. Und zwar Legostein für Legostein. Nehmen Sie sich eine Handvoll der kleinen Klötze und bauen Sie diese drei bis vier Schichten hoch zu einer rechtwinkligen Ecke zusammen. Dann diesen Klötzchenwinkel an der Bohrstelle platzieren, den Bohrer direkt in der Ecke ansetzen und sich so verlässlich führen lassen.

SCHLEPPSCHLAUFE

NICHT ÜBERMÄSSIG SCHWER, aber verdammt unhandlich? So tragen Sie eine sperrige Platte, wenn kein anderer mit anpacken kann.

RIESENHOLZPLATTEN, Leinwände und andere Ungetüme lassen sich natürlich immer besser zu zweit durch die Gegend hieven. Aber wenn Sie nicht nur Heimwerker, sondern gerade auch Alleinwerker sind, kommt Ihnen dieser Seiltrick zugute. Die Enden des Seils zusammenknoten und die Schlaufen um die beiden unteren Ecken der am Boden liegenden Platte legen. Nun das doppelte Seil in der Mitte anpacken, hochheben und die Platte oben unter die Achsel klemmen.

WIE AM SCHNÜRCHEN

EINE REISSFESTE SCHNUR ohne scharfkantige Werkzeuge durchtrennen? Sicher, das kriegt die Schnur ganz allein hin.

Auch PVC-Rohre lassen sich auf diese Weise mit einer **NYLONSCHNUR DURCHRIBBELN,** was nützlich ist, wenn sich das Rohr an einer engen Stelle befindet.

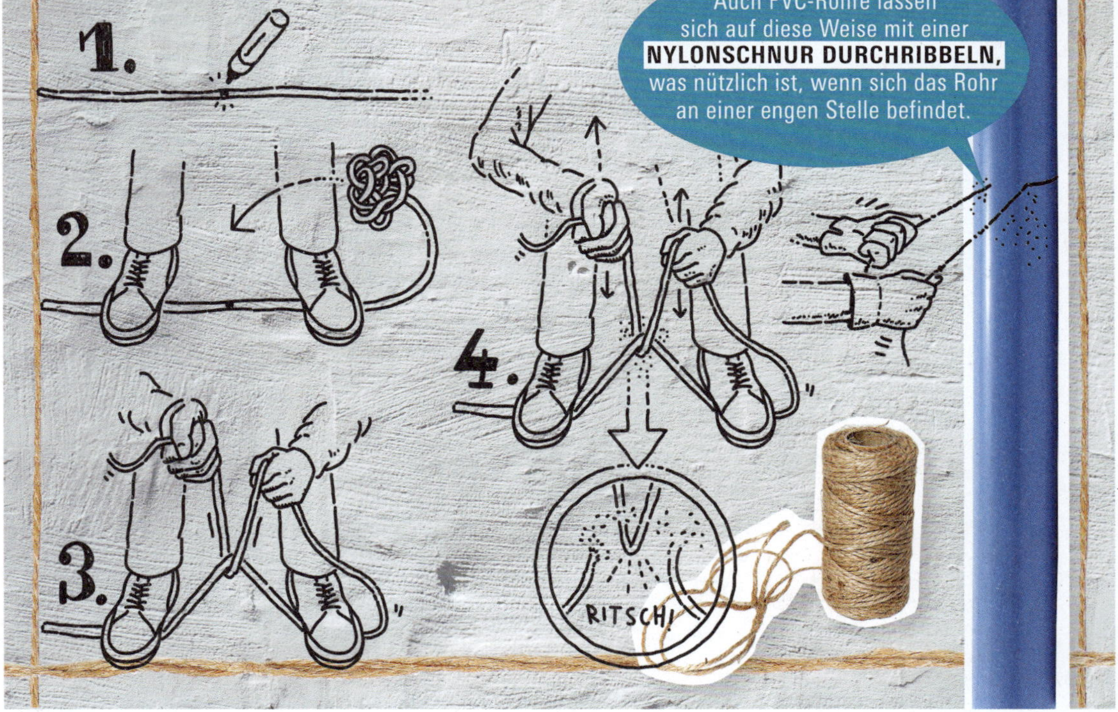

DIE STELLE, an der die Schnur durchtrennt werden soll, markieren. Dann mit beiden Füßen so auf die Schnur stellen, dass die Markierung zwischen ihnen platziert ist und die Schnur sich ca. 15 cm hochziehen lässt. Dadurch wird die Markierung zur Spitze eines Dreiecks. Jetzt das andere Schnurende unter der Markierung hindurchführen und mehrmals um die Hand wickeln. Schnur rasch hin- und herziehen, bis sie nach einigen Sekunden durch die Reibung reißt.

So fix wie die Säge angesetzt ist,

so fix kann das Werkstück auch verhunzt werden. Diese Tricks helfen bei der Planung.

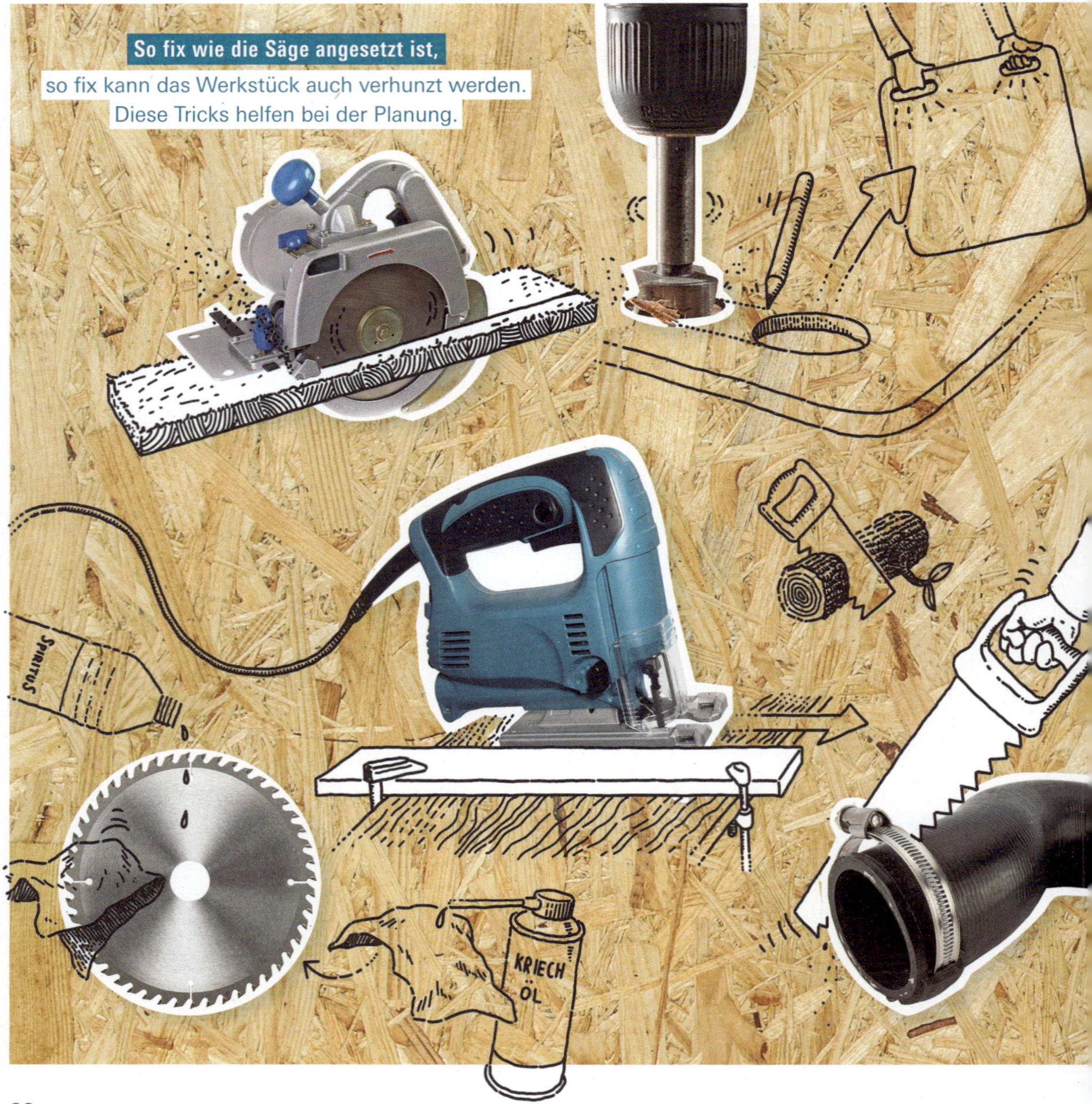

SUPER SÄGEN

Bevor es an die Sägerei geht, wird die passende Säge ausgewählt. Je dünner das Sägeblatt, desto weniger Material wird abgetragen und desto leichter sägt es sich. Dickere Sägeblätter sind was fürs Grobe.

Um gerade Schnitte mit Stich- und Handkreissäge sicherzustellen, am besten eine Führungsschiene benutzen. Es gibt sie aus Alu zu kaufen.

Oder einfach mit zwei Schraubzwingen ein gerades Brett (oder am besten eine Wasserwaage) auf dem Werkstück befestigen und die Grundplatte der Säge an der Kante entlangführen.

Die „gute" Seite des Werkstücks beim Sägen nach unten drehen. Da die meisten Stich- und Kreissägen während der Aufwärtsbewegung schneiden, entstehen oben die meisten Ausrisse.

Harz, das sich an Sägeblättern absetzt, mit Brennspiritus entfernen, sonst verklemmt die Säge beim Arbeiten. Danach den Brennspiritus gründlich abtrocknen. Abschließend mit Vaseline oder Kriechöl einschmieren.

Das Sägeblatt der Stichsäge gegen das Werkstück pressen, bevor man sie anschaltet – dann greift es besser. Schaltet man sie vor dem Kontakt mit dem Holz an, neigt sie dazu, leichter wegzurutschen.

Beim Sägen von Löchern und Innenformen ist es am einfachsten, Löcher vorzubohren, die das Blatt der Stichsäge als Startpunkt benutzen kann.

Abgerundete Griffe ins Holz sägen? Am schnellsten geht es, wenn man zwei Löcher mit dem Forstnerbohrer bohrt, dann zwei Tangenten an die Kreise anlegt und das verbleibende Holz in der Mitte mit der Säge entfernt.

Die Oberfläche von beschichtetem Material, etwa Laminat, wird beim Sägen leicht beschädigt. Daher zum Stabilisieren besser Kreppband aufkleben und darauf die Schnittlinie anzeichnen.

Auch hier lohnt es, die „gute" Seite des Werkstücks beim Sägen nach unten zu drehen.

Wer ein PVC-Rohr mit einer Handsäge schneidet, befestigt als Führung für einen geraden Schnitt eine Schlauchschelle am Rohr.

Beim Ablängen an der Bandsäge das Werkstück an der markierten Kante ansetzen, um es dann langsam in die Senkrechte anzuheben. Da das Sägeblatt im rechten Winkel zur Unterlage steht, wird der Schnitt schön gerade. Funktioniert am besten mit kleineren, dünnen Werkstücken.

SÄGEN MIT DEM BOHRER

METALL PER HAND ZU SÄGEN, kann zu einer schweißtreibenden Aktion geraten. Lassen Sie sich dabei doch lieber von Ihrer Bohrmaschine helfen.

Die Bohrmaschine muss beim Sägen sicher auf einer ebenen Fläche stehen. Daher nur eine **KABELLOSE MASCHINE** benutzen, deren Griff eine große flache Standfläche besitzt.

SO GEHT'S AUCH:
Spannen Sie das Sägeblatt mit den Zähnen nach oben zeigend in einen Schraubstock ein und pressen Sie die rotierende Schraube dagegen.

SIE WOLLEN OHNE AUFWAND eine Gewindeschraube kürzen? Drehen Sie zwei Muttern auf die Schraube, sodass sie einander fest blockieren – eine der Kanten markiert die Stelle, an der gesägt wird. Gewindeende einspannen, Metallsäge an der Kante ansetzen und den Akkubohrer starten. Achtung: Das Sägeblatt immer hin- und herbewegen, da es sonst leicht heiß und einseitig stumpf wird. Zu guter Letzt: die Schnittstelle noch mit einer Feile entgraten.

SPERRHOLZ SPLITTERFREI

BEIM SÄGEN werden die Holzfasern gebändigt, damit sie nicht wild aus der Reihe tanzen.

Platten von 3–5 mm, etwa aus Balsa- oder Pappelsperrholz, lassen sich auch locker **MIT DEM CUTTER** schneiden. Dabei am besten an einem schnittfesten Lineal entlangfahren.

Vor dem Sägen von bereits **LACKIERTEN HOLZPLATTEN** die Schnittlinie mit einem Cutter einritzen, damit der Lack nicht splittert.

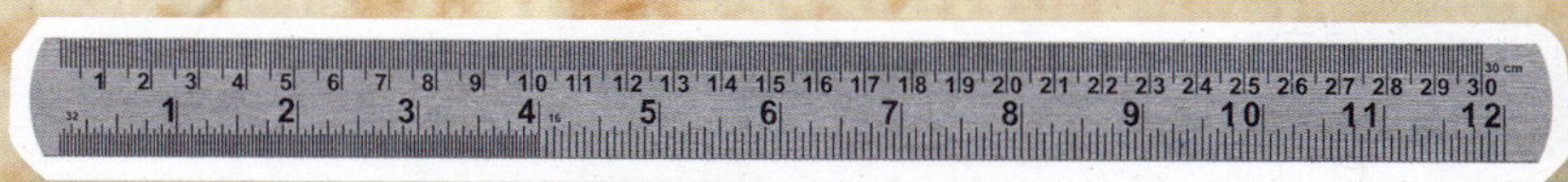

SPERRHOLZ IST besonders anfällig für Ausrisse. Damit der Schnitt per Hand- oder Tischkreissäge sauber wird, kommt Malerkreppband zum Einsatz: Die Platte mit der guten Seite nach unten hinlegen. Die Schnittstelle beidseitig mit Band überkleben. Die Linie auf dem Band mit Lineal und Stift markieren und mit der Säge durch das Klebeband schneiden. Zuletzt das Band im rechten Winkel zur Schnittlinie abziehen. So bleiben die Ränder und Holzfasern in Reih und Glied.

SPIEGLEIN, SPIEGLEIN ...

... AN DER SÄGE, ist mein Schnitt auf dem bestem Wege?

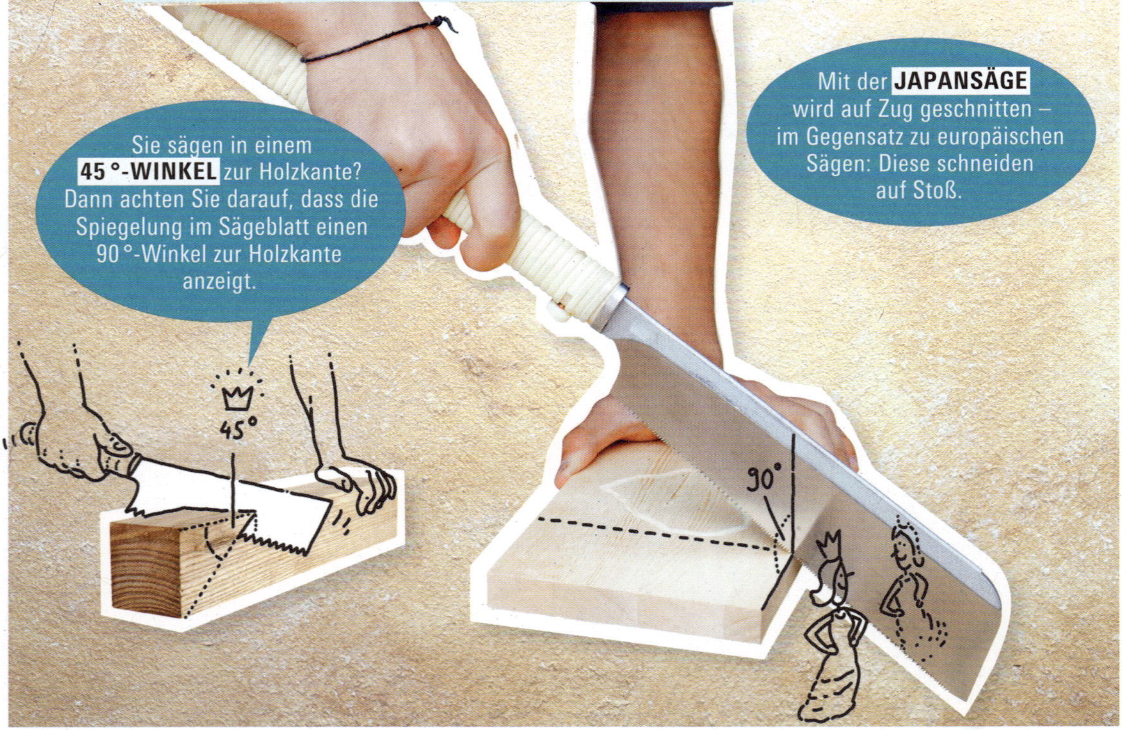

WER SICHERGEHEN WILL, dass er genau im rechten Winkel zum Holz sägt, folgt dem Rat des Sägeblatts, genauer gesagt, seiner Spiegelung. Schauen Sie auf den Punkt, wo die Holzkante dem Sägeblatt begegnet. Sieht es an der Stelle optisch so aus, als ob die Kante nahtlos gerade durch das Sägeblatt hindurch weiterläuft, sägen Sie im 90°-Winkel. Bricht sich die Kante in der Spiegelung, dann haben Sie die Säge verkantet und müssen korrigieren.

RAHMEN ODER FUSSLEISTE AUF GEHRUNG SCHNEIDEN

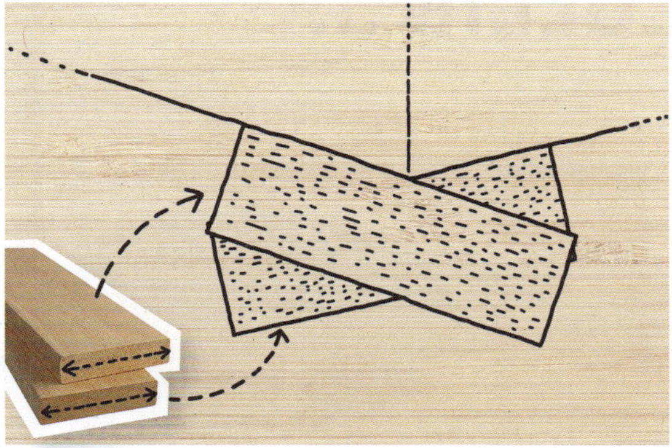

1. Zwei Bretter gleicher Breite an die Ecke anlegen, sodass sie sich überschneiden. Alternativ auch erst einmal zwei Pappstreifen benutzen, um eine Schablone zu erstellen.

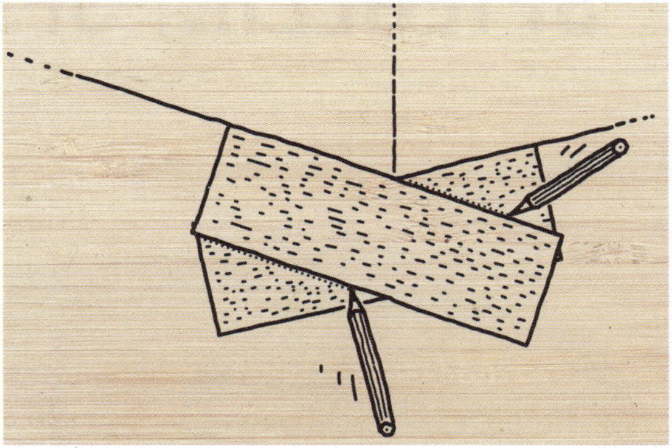

2. An den beiden Kanten, an denen sich die Bretter überschneiden, Linien mit einem Stift anzeichnen.

3. Die beiden Linien an den Punkten verbinden, wo sie die Kanten schneiden. Dies ist der halbierte Winkel. Den Winkel der Gehrungssäge der Linie entsprechend einstellen.

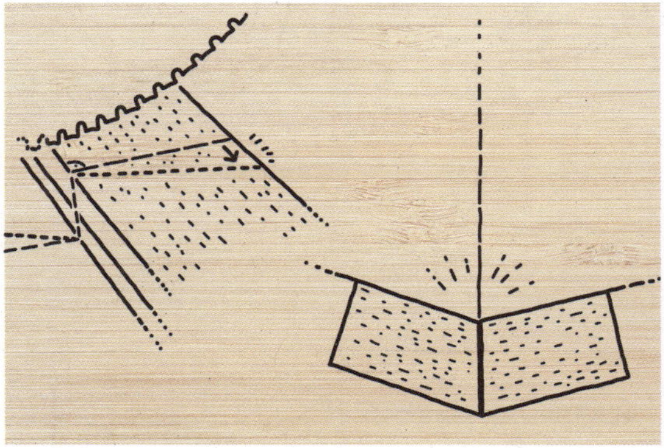

4. Zuletzt die übereinanderliegenden Bretter zuschneiden. Die Eckverbindungsstücke können nun als Teile des Rahmens bzw. der Fußleiste befestigt werden.

DER SCHNITT LÄUFT RUND

SO ROLLERN SIE sich zum sauber zugeschnittenen Furnier.

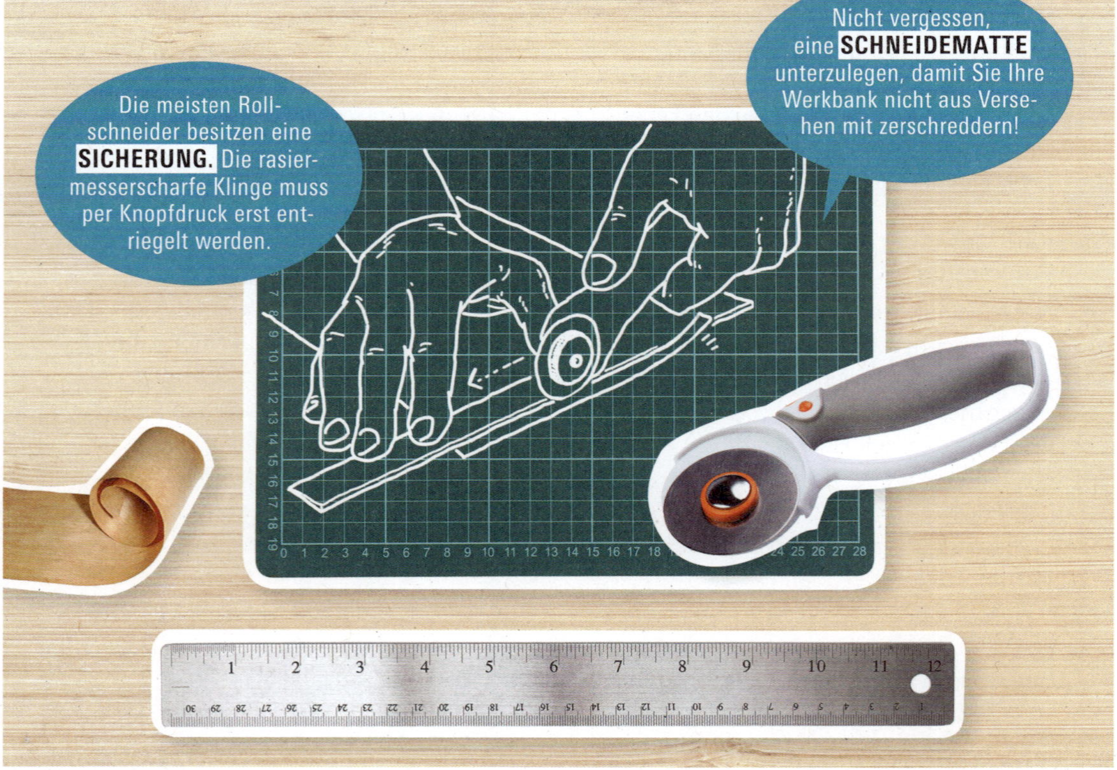

WAR BEIM ZUSCHNEIDEN von Furnier mit Cutter oder Universalmesser bisher Splittern an der Tagesordnung? Dann greifen Sie zu einem Rollschneider, auch Rotationsschneider genannt. Mit diesem zu groß geratenen „Pizzaschneider" schneidet man eigentlich Textilien. Einfach ein Metalllineal anlegen und mit dem Rollschneider daran entlangfahren – aus Sicherheitsgründen vom Körper weg bewegen. Ob mit der Holzfaser oder quer dazu, beides läuft richtig schön rund.

BRANDGEFÄHRLICH!

Grundausstattung

Rauchmelder, Handfeuerlöscher und Erste-Hilfe-Kasten gehören zur Grundausstattung jeder Werkstatt. Bewahren Sie den Feuerlöscher in der Nähe der Arbeitsfläche auf, damit Sie möglichst schnell auf ihn zugreifen können.

Funkenflug

Wenn Sie mit Trennschleifern oder Brennern arbeiten, ist es wichtig, Materialien wie Holzspäne, Papier und leicht entzündliche Flüssigkeiten aus der Nähe der Arbeitsfläche zu verbannen.

Außerdem: Tragen Sie bevorzugt Kleidung aus Baumwolle und vermeiden Sie synthetische Stoffe – diese können bei Funkenflug besonders schnell Feuer fangen.

Beschädigte Elektrik

Um die Gefahr von Kabelbränden und Kurzschlüssen zu verringern, sollten Sie Ihre Schnäppchenjäger-Impulse zügeln und vor allem Elektrogeräte mit den üblichen Prüfsiegeln kaufen: Die wichtigsten sind TÜV, GS, CE und VDE.

Außerdem: Schalten Sie nicht mehrere Steckdosenleisten hintereinander – das kann ganz schnell zur Überhitzung führen.

Ölgetränkte Lappen

Lappen und Schwämme, die zum Auftragen und Verteilen von Ölen und Firnissen verwendet wurden, können sich leicht selbst entzünden.

Wer z. B. Gartenmöbel aus Holz eine pflegende Abreibung mit Leinöl gönnt, darf danach den Stofflappen nicht einfach zusammenknüllen und in den Mülleimer schmeißen. Auf diese Weise entsteht sehr schnell ein hauseigener Brandherd.

Besser geht es so: Den in Öl getränkten Lappen im Freien auf feuerfestem Untergrund ausbreiten und trocknen lassen – wenn das Öl ausgehärtet ist, besteht auch keine Brandgefahr mehr.

Oder aber den Lappen in einem luftdicht verschließbarem Behälter, etwa einem Schraubglas, aufbewahren, dann lässt er sich beim nächsten Mal sogar noch wiederverwenden.

IMMER DER ZANGE NACH

SO WIRD'S GARANTIERT eine gerade Linie, wenn es mit der Handkreissäge ans Längsschneiden eines Bretts geht.

KEINE TISCHKREISSÄGE parat? Auch mit einer einfachen Handkreissäge bekommen Sie präzise Längsschnitte hin – aber nur per zupackendem Upgrade: einer Feststellzange / Gripzange. Diese wird verkehrt herum im rechten Winkel an die Fußplatte der Säge geklemmt. Der Abstand zwischen Sägeblatt und Zange bestimmt die gewünschte Breite des Schnitts. Die Zange fährt beim Schneiden als Parallelanschlag entlang der Brettkante und führt so das Sägeblatt.

SCHARFES WINKELMASS

VOR DEM SÄGEN clever Winkel messen – ganz ohne Winkelmaß. Der Fuchsschwanz macht's möglich.

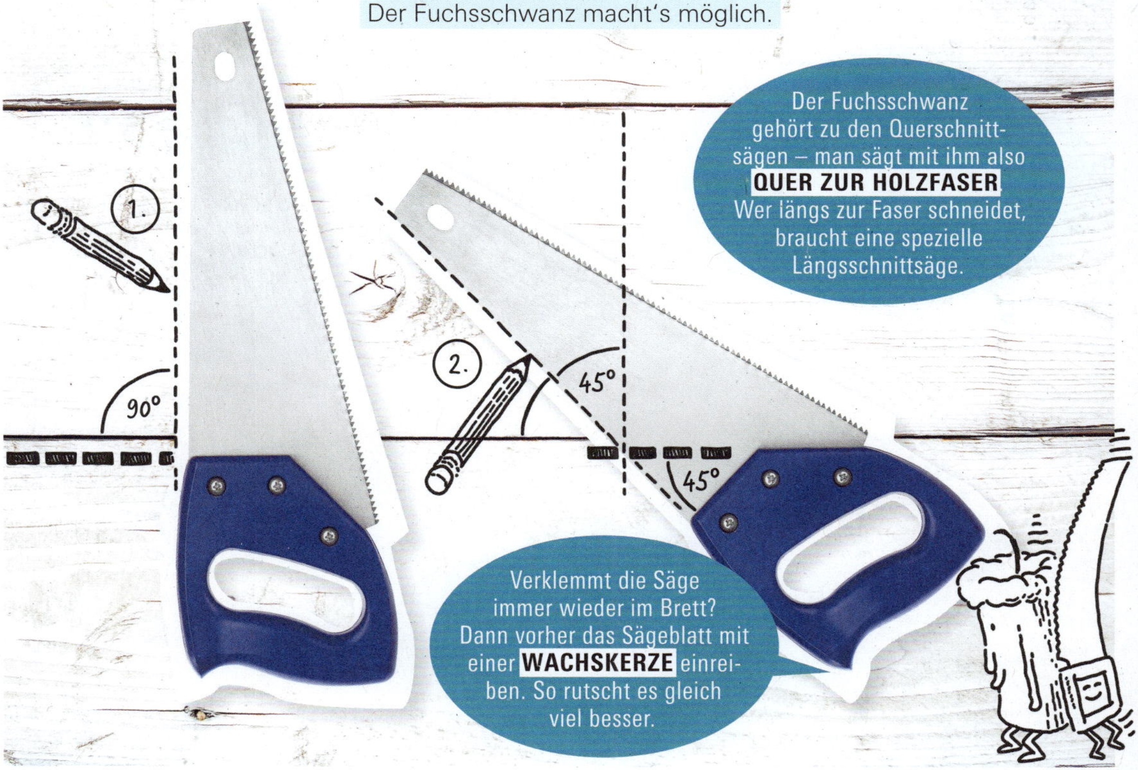

Der Fuchsschwanz gehört zu den Querschnittsägen – man sägt mit ihm also **QUER ZUR HOLZFASER**. Wer längs zur Faser schneidet, braucht eine spezielle Längsschnittsäge.

Verklemmt die Säge immer wieder im Brett? Dann vorher das Sägeblatt mit einer **WACHSKERZE** einreiben. So rutscht es gleich viel besser.

WER DIE ENDEN VON Holzbrettern oder -leisten in einem 45°- oder 90°-Winkel absägen will, braucht dazu nicht mehr Werkzeug als einen Fuchsschwanz. Denn die beiden Kanten des Griffs, die direkt ans Sägeblatt angrenzen, sind so angeordnet, dass sie mit der glatten Kante des Sägeblatts einen 45°- und 90°-Winkel bilden. Zum Messen also einfach die Griffkante gegen den Rand des Bretts pressen und das Sägeblatt als Lineal benutzen.

UPGRADE FÜRS MASSBAND

JETZT KLEBT ZUSAMMEN, was zusammengehört: Maßband und Stift. So sieht das Maß aller Dinge aus!

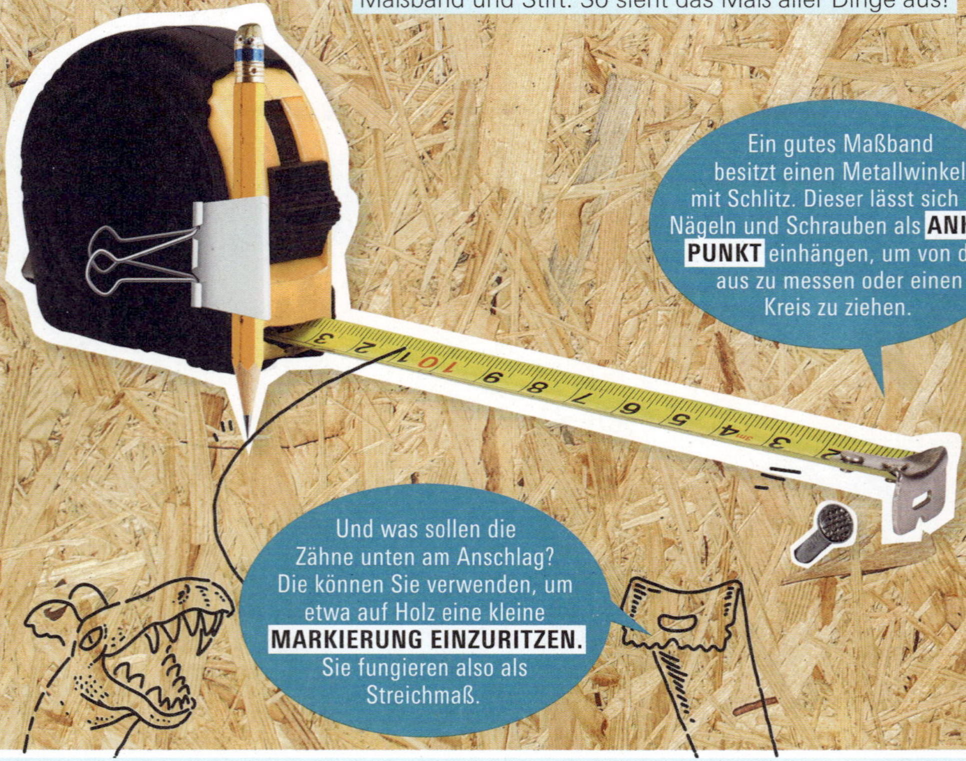

MESSEN UND MARKIEREN ohne Gefummel: Dazu einen Bleistift in eine Papierklammer (19 mm) klemmen. Etwas Heißkleber neben der Öffnung auftragen, aus der das Band austritt, und die Klammer und einen Metallbügel dort anheften. Achtung: Der zweite obere Bügel muss beweglich bleiben, damit der Stift ausgetauscht werden kann. Bevor der Kleber trocknet, die Klammer genau zurechtrücken, damit sich die Stiftspitze auf einer Linie mit der Öffnung befindet.

AB DURCH DIE MITTE

KEINE LUST, beim Anbringen des Schubladengriffs zu rechnen?

AN DER VORDERSEITE der Schublade von allen vier Ecken aus die Länge des Henkelgriffs auf die Kanten übertragen – unbedingt beachten, wo sich die Schraubenlöcher im Griff befinden. Nun mit einem Lineal von den Ecken und den markierten Punkten aus vier diagonale Linien ziehen – an den Schnittstellen in der Mitte entsteht dadurch eine Raute. Jetzt müssen Sie nur noch die Löcher für den Henkelgriff durch die beiden Rautenecken links und rechts bohren – fertig.

RANDFIGUREN

UNTERLEGSCHEIBEN können noch viel mehr als nur den Druck eines Schraubenkopfes auf eine größere Fläche zu verteilen.

Unterlegscheiben sind zu klein für Ihre Zwecke? Dann nehmen Sie einfach eine alte verkratzte Single-Vinyl-**SCHALLPLATTE,** die Sie nicht mehr brauchen.

Nicht nur Unterlegscheiben lassen sich benutzen – auch runde Anhänger aus Stein sowie dänische, norwegische und japanische **MÜNZEN** mit Loch in der Mitte.

SIE WOLLEN EINE SCHABLONE vergrößern oder den ungleichmäßigen Verlauf einer Wand auf Laminat übertragen? Fahren Sie mit einer Bleistiftspitze in der Mitte einer Unterlegscheibe am Rand des Werkstücks oder der Wand entlang. So wird die Kontur parallel verschoben übertragen. Je breiter die Unterlegscheibe, desto schlechter lassen sich enge urven abbilden. Alternativ eine Scheibe von einem Rundholz abschneiden und mittig ein Loch bohren.

RUNDE ECKEN ANZEICHNEN

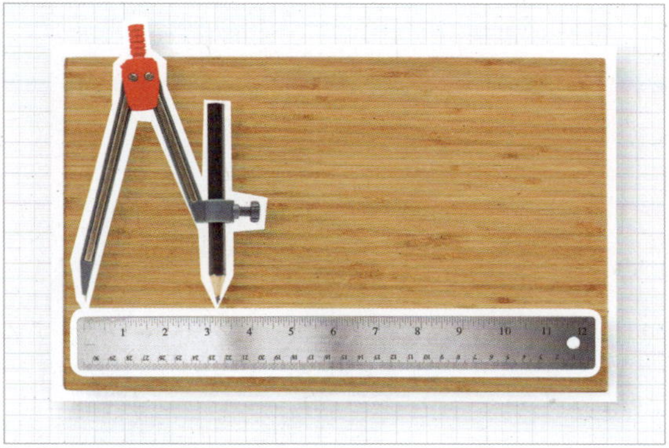

1. Um die Ecken eines Holzbretts präzise abzurunden, den Zirkel an ein Lineal oder Maßband anlegen und den gewünschten Radius einstellen.

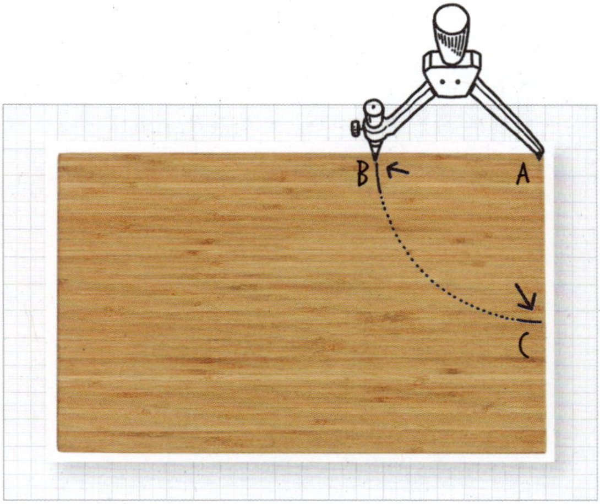

2. Mit der Zirkelspitze in die Ecke, die abgerundet werden soll (Punkt A), stechen und den Radius an beiden Kanten anzeichnen. Hierdurch ergeben sich die Punkte B und C.

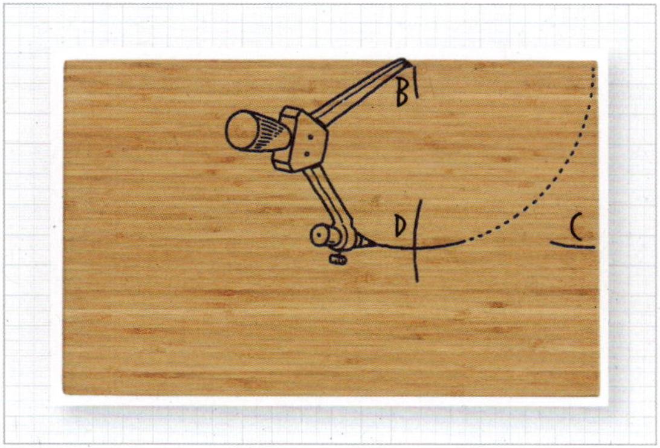

3. Von den Punkten B und C ausgehend den Radius anzeichnen. Diese beiden Linien schneiden sich im Punkt D.

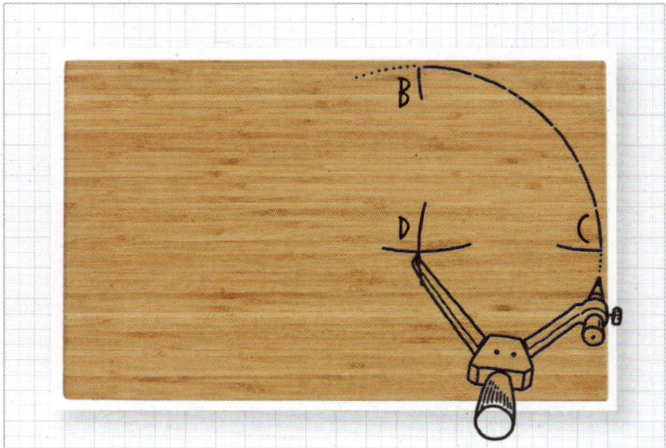

4. Die Zirkelspitze im Punkt D ansetzen und die Punkte B und C mit einer Linie verbinden. Dies ist die abgerundete Ecke, die nun mit Stich- oder Bandsäge angegangen werden kann.

KONTUR PUR

SO ÜBERTRAGEN SIE unregelmäßige Umrisse von Wänden auf Ihre neuen Bodenbeläge.

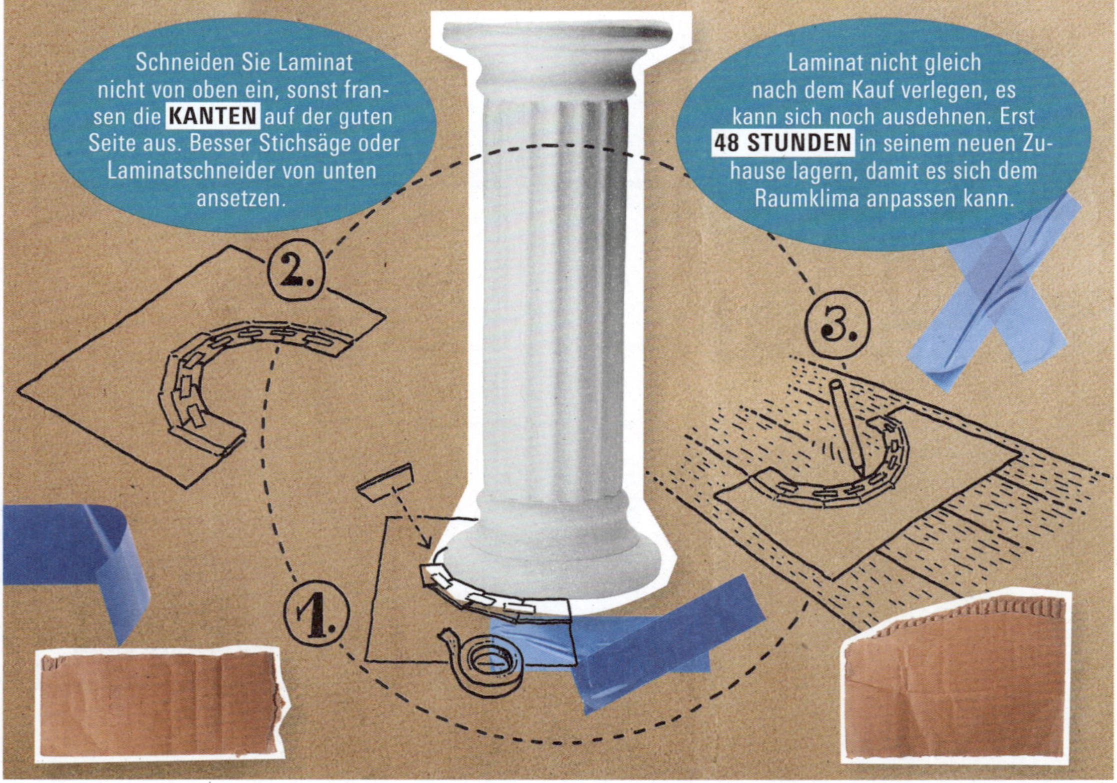

EIN STÜCKWERK AUS KLEBEBAND hilft, Konturen von Wänden und unbeweglichen Gegenständen mitten im Raum, etwa Säulen, abzunehmen. Einfach Streifen für Streifen an die Kanten kleben, um eine Schablone zu erhalten. Kartonteile ergeben eine stabilere Schablone. Je kleiner die Stücke, desto detailgetreuer lassen sich die Konturen abbilden. Zu guter Letzt die Schablone auf den Bodenbelag oder das Werkstück legen und den Umriss übertragen.

LASERSHOW NACH MASS

FOLGEN SIE dem roten Licht! Dann wird alles gut. Und gerade.

Wenn's supergenau werden soll, einfach mehrere **LASERPOINTER** an der Wand befestigen und ein Gitternetz an die Wand werfen.

Damit der Strahl des Laserpointers sichtbarer wird, brauchen Sie keinen Rauch, sondern eine **LASERLICHTBRILLE** – wie ein echter Agent.

WENN SIE BEIM ANBRINGEN von Bildern, Hängeschränken oder einer Vorhangstange den Überblick behalten wollen, dann lassen Sie sich von einem Laserpointer den Weg weisen. Das kleine Ding an die Wand kleben und anschalten. Soll etwas auf derselben Höhe aufgehängt werden? Dann den Laserstahl per Wasserwaage überprüfen und ggf. den Winkel anpassen. Sollen Bilder an der Wand neben der Treppe angebracht werden? Dann parallel aufsteigend fixieren.

SCHLUSS MIT WINDSCHIEFEN BILDERN

1. Ein Stück Kreppband über die beiden Löcher auf der oberen Rückseite des Bilderrahmens kleben.

2. Die Stellen der beiden Löcher auf dem Band mit einem Stift markieren. Danach das Band wieder abziehen.

3. Nun das Band dort an der Wand anbringen, wo das Bild hängen soll, und mit einer Wasserwaage überprüfen, ob es gerade hängt.
Falls nicht, anpassen und nochmals messen.

4. Nägel durch die markierten Stellen schlagen bzw. durch das Band hindurchbohren. Jetzt hat das Band seinen Job als Schablone erfüllt und kann entfernt werden. (Siehe auch S. 170.)

UPGRADE FÜR DEN BOHRER

AUF DEN ERSTEN BLICK erkennen, dass das Bohrloch auch ganz gerade wird? Mit diesem Messgerät, das plötzlich ganz anhänglich wird.

SICHERHEIT GEHT VOR: Beim Bohren keine Handschuhe tragen – allzu leicht kann sich der Bohrer im Stoff verheddern.

Ist der **AKKU BALD LEER?** Beim Bohren in den ersten Gang schalten, dann hält er ein Weilchen länger.

GLEICHZEITIG MIT BOHRMASCHINE und Wasserwaage rumhantieren – dazu haben Sie nun wirklich nicht genug Arme. Warum daher nicht beide Geräte miteinander verbinden? Sie benötigen dafür ein bis zwei Libellen – das sind die kleinen Blubberblasenwasserwaagen. Diese seitlich und / oder oben mit Heißkleber an der Bohrmaschine befestigen. Beachten Sie, dass das Gerät beim Anbringen waagerecht steht – am besten mit einer Wasserwaage überprüfen!

HAKELEIEN

SCHRAUBHAKEN PER HAND rein- und rausdrehen – ja wieso denn bloß?

FÜR DEN SCHRAUBHAKEN ein Loch vorbohren, das etwas kleiner ist als dessen Gewinde. Dann den Haken ein wenig per Hand reindrehen, damit er von allein hängen bleibt. Nun eine Ringschraube in den Akkuschrauber einspannen, die Ringschraube in den Schraubhaken einhängen, leicht nach hinten ziehen und den Schrauber starten – langsam! Zuletzt noch die Hakenspitze manuell in die gewünschte Position bringen. Zum Lösen des Hakens auf rückwärts schalten.

SELBST IST DIE SCHRAUBE!

EINE FESTSITZENDE SCHRAUBE lockern?
Do it yourself, Schraube!

WENN DER SCHRAUBENSCHLÜSSEL sich sonst wo herumtreibt, kann die Schraube gerne auf ihn verzichten. Selbst ist die Schraube! Um eine Sechskantschraube herauszudrehen, nimmt man eine weitere Sechskantschraube, hakt sie an der zu lockernden Schraube ein und schraubt eine passende Mutter aufs Gewinde. Die Mutter wird so weit festgedreht, bis der Kopf der zu lösenden Schraube eingeklemmt ist. Und dann einfach lässig herausdrehen.

SCHÖNER SCHRAUBEN

Wenn der Schraubenzieher nicht von Haus aus magnetisch ist,

einen **Knopfmagneten** dranheften, damit die Schraube nicht wegrutscht. Und schon hat man eine Hand frei. Geht auch: Die Schraube durch die Klebefläche eines Stücks Kreppband stechen und am Schrauberschaft festkleben.

Um zu vermeiden, dass eine Schraube

oder ein Nagel Holz spaltet – gerade bei dünnen Werkstücken –, braucht es etwas **Starthilfe.** Dafür am besten ein kleines Loch vorbohren: Den Kopf eines Nagels abknipsen, den Schaft in den Akkuschrauber spannen und vorbohren.

Die Schraube bewegt sich kein Stück?

Dann zwei Gabel-/Ringschlüssel miteinander **verhaken** – das ergibt eine bessere Hebelwirkung.

Die Schraube soll schön fest bleiben?

einfach einen Tupfer farblosen **Nagellack** an den Kopf geben, dann ist sie gut fixiert.

Arbeiten in engen Ecken,

wo kein Platz für den Schraubendreher ist? Einfach ein **Bit in eine Zange** klemmen.

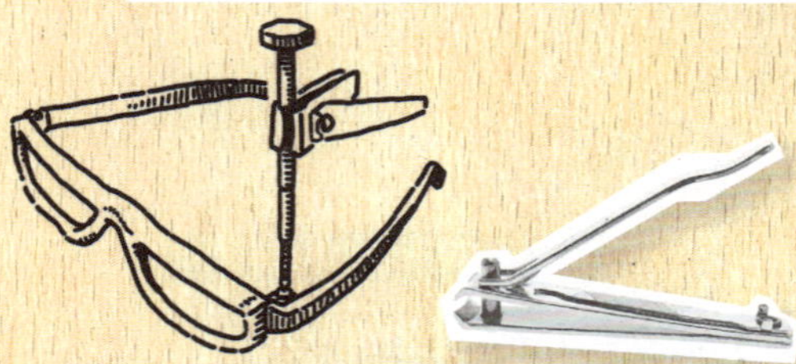

Bei Mini-Schraubendrehern,

z. B. für Schrauben an Brillen, erhält man eine bessere **Hebelwirkung,** wenn man einen Nagelknipser mit anpacken lässt.

Eine Schraube halb in die Unterseite der Werkbank drehen

und man weiß immer, wo der **Flaschenöffner** ist.

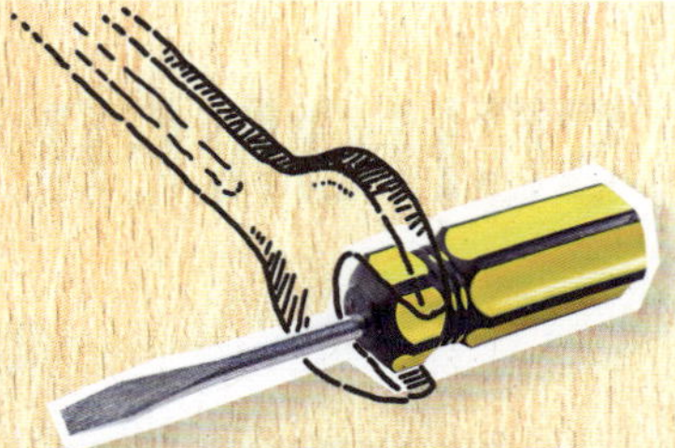

Gute Schaubendreher

besitzen am Ende des Griffs einen **Sechskant,** an dem man einen Gabelschlüssel ansetzen kann, um die Hebelwirkung zu vergrößern

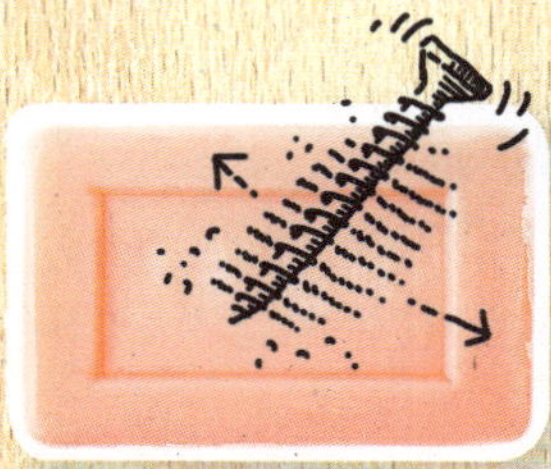

Wer mit einem Stück Seife

oder einer Kerze über das Schraubgewinde reibt, kann die Schraube **leichter** ins Holz bohren.

Große Kreuzschlitzschrauben

lassen sich zur Not auch mit einem Flachschlitzschraubendreher lockern. Einfach eine **Unterlegscheibe** in den Schlitz pressen, den Schraubendreher im Loch einhaken und rund geht's.

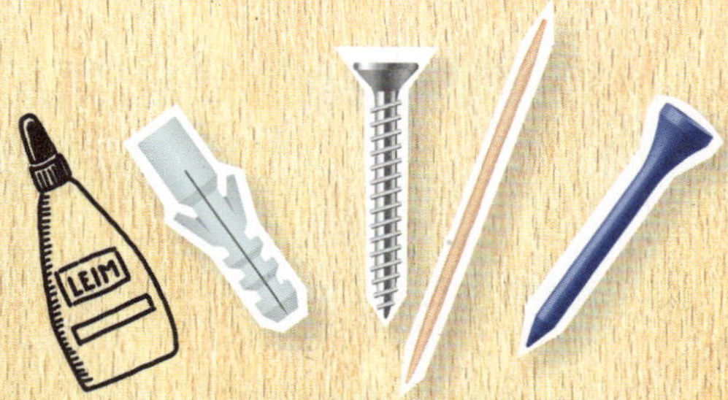

Das Loch ist ausgeleiert?

Mit Zahnstochern (oder einem Golf Tee) die Öffnung stopfen – bei Bedarf etwas Leim dazugeben. Schraube kraftvoll reindrehen und überstehenden Rest abknipsen, sodass die Schraube wieder **Halt** findet.

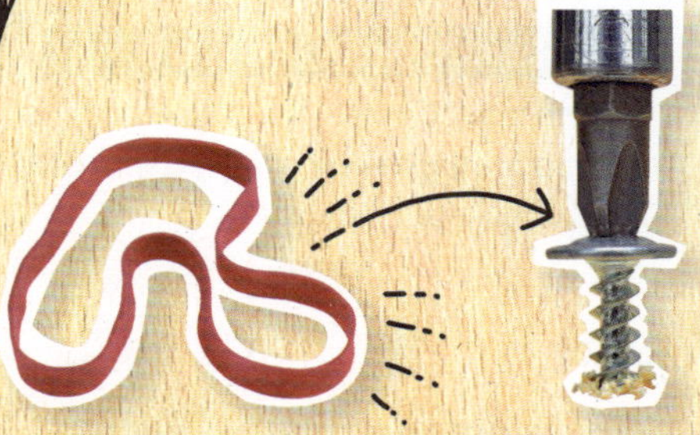

Ist der Schraubenkopf ausgeleiert?

Einfach ein breites **Gummiband** dazwischenklemmen, so findet der Schrauber endlich Halt.

5 WEGE, EINEN TRICHTER ZU IMPROVISIEREN

1 Briefumschlag oder Kaffeefilter

Wenn Sie etwas Pulverförmiges in einen neuen Behälter umschütten möchten, schnappen Sie sich einen Briefumschlag oder einen Kaffeefilter und schneiden Sie unten eine Ecke ab.

2 Tüte oder Tetrapak

Sie wollen nicht trockenes, sondern flüssiges Material um- oder einfüllen? Dazu eignet sich eine Plastiktüte oder ein Gefrierbeutel: Einfach unten eine Ecke abschneiden und den oberen Rand wie einen Trichter ausbreiten.

Geht auch: Den Boden eines Tetrapaks sowie eine der Ecken abschneiden. Falls der Tetrapak eine runde Öffnung zum Ausgießen besitzt, erübrigt sich das Abschneiden der Ecke – dann den Tetrapak aber beim Umschütten etwas schräg halten, damit die Flüssigkeit auf der ebenen Fläche nicht zum Stehen kommt.

3 Alufolie

Schneiden und falten Sie aus einem Stück Alufolie ein Dreieck zurecht – je mehr Lagen Sie benutzen, desto stabiler wird der Trichter.

Dann die untere Spitze des Dreiecks etwas abschneiden und an dieser Stelle um einen runden Gegenstand – Bleistift, Werkzeuggriff oder den eigenen Finger – wickeln, um der Ausgussöffnung die passende Form zu geben.

Wenn Sie sich das Falten am Anfang sparen wollen und ein rechteckiges Stück benutzen: Die Folie beim Umwickeln einfach schräg ansetzen, dann entsteht oben auch automatisch eine trichterförmige Öffnung.

4 Plastikflasche

Sie wollen Farbe aus einer Dose kleckerfrei in eine Flasche umfüllen, haben aber leider keinen Trichter zur Hand? Nehmen Sie einfach eine Plastikflasche, in der zuvor z. B. Wasser oder Reinigungsmittel drin war, und schneiden Sie den Boden ab. Dann umgekehrt auf die Öffnung der Flasche stecken, in der die Farbe gelagert werden soll.

Wichtig: Die Öffnung der zum Trichter umfunktionierten Flasche muss etwas kleiner sein als die der Aufbewahrungsflasche.

5 Schraubenzieher

Sie wollen beim Auto Öl nachfüllen? Einfach die Spitze eines Schraubenziehers in die Öffnung der Ölwanne hineinhalten und das Öl langsam entlang des Schafts gießen.

LUFTIGE KABELEINZIEHHILFE

In die Tiefen des Leerrohrs

Es nennt sich zwar Leerrohr, aber wenn Sie es auch ganz und gar leer installieren, haben Sie leider eine wichtige „Zutat" vergessen: Wer Leerrohre aus biegsamem Kunststoff in Wände oder unter Fußböden verlegt, sollte unbedingt darauf achten, dass sich in jedem Rohr ein Zugdraht befindet. Daran lassen sich später Elektrokabel befestigen, um sie von einem Rohrende ans andere durchzuziehen.

Was aber tun, wenn's zu spät dafür ist? Was, wenn es versäumt wurde, diesen Draht mit einzuziehen bzw. gleich ein Leerrohr mit integriertem Zugdraht im Baumarkt zu besorgen?

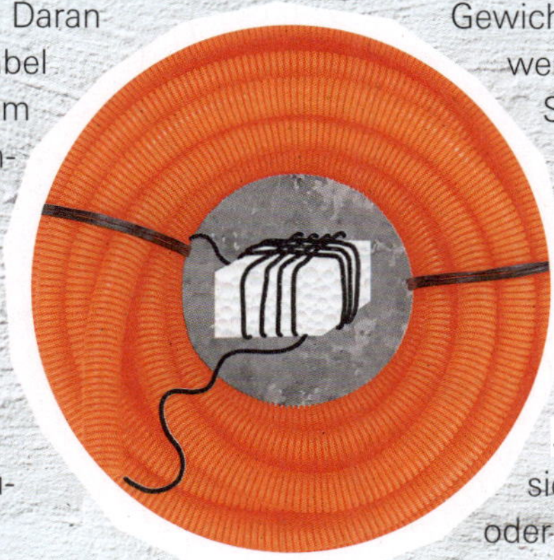

Luftig durchs Leerrohr

Wer nicht ziehen kann, muss saugen. Um Kabel nachträglich ins Leerrohr einzuziehen, benötigen Sie: einen Staubsauger, eine robuste Schnur und ein Stück Watte oder Styropor. Formen Sie eine Wattekugel oder schneiden Sie ein Stück Styropor zurecht, das etwas kleiner als der Durchmesser des Leerrohrs ist. Knoten Sie dieses Gewicht am Ende des Fadens fest.

Nun am einen Ende des Leerrohrs das Gewicht so weit wie möglich per Hand hineinschieben. Am anderen Ende des Leerrohrs das Staubsaugerrohr ansetzen.

Saugen Sie los auf höchster Stufe, sodass Gewicht und Faden angezogen werden. Zu guter Letzt können Sie nun das zu verlegende Kabel an die Schnur binden und durch das Leerrohr auf die andere Seite ziehen.

Wenn's der Sauger nicht schafft

Je länger und kurvenreicher sich das Rohr durch Wand oder Fußboden schlängelt, desto schwieriger wird es, das Gewicht auf der anderen Rohrseite ans Tageslicht zu befördern.

Wenn es mittendrin verkantet und hängen bleibt, haben Sie zwei Möglichkeiten, um die Saugleistung zu erhöhen: Dichten Sie das Staubsaugerrohr am Ende des Leerrohrs mit Klebeband ab. Oder: Leihen Sie sich im Baumarkt einen kräftigen Industriestaubsauger.

FÜR SCHWERGEWICHTE

French-Cleat-Aufhängung

Um schwere Gegenstände wie Spiegel, Bilder mit opulenten Rahmen oder Hängeschränke sicher an Wänden aufzuhängen, empfiehlt sich eine French-Cleat-Aufhängung.

Ihr Vorteil besteht vor allem darin, dass das Gewicht nicht auf einzelnen Aufhängepunkten lastet, sondern mithilfe von zwei aufeinander ruhenden Leisten gleichmäßig in der Breite verteilt wird.

Anfertigung

Stellen Sie an der Tischkreissäge den Winkel des Sägeblatts auf 45° und sägen Sie ein dickes Brett oder Kantholz längs durch, sodass zwei Leisten entstehen. Eine der Leisten mit der abgeschrägten Seite nach oben an die Wand schrauben – kontrollieren Sie mit der Wasserwaage, ob sie horizontal hängt. Die zweite Leiste mit der abgeschrägten Seite nach unten am oberen Randbereich des aufzuhängenden Gegenstands befestigen. Zuletzt beide Keilleisten aufeinandersetzen – das ursprüngliche Brett wird somit wiedervereint. Wackelt der Gegenstand unten hin und her, am besten eine weitere Querleiste von gleicher Dicke als Abstandhalter zur Wand anbringen.

Wie auf Schienen

Diese Aufhängung eignet sich nicht nur zum Tragen einzelner Gegenstände. Die Leisten lassen sich auch über die Länge ganzer Wände anbringen, wodurch man in Garage oder Werkstatt ein sehr nützliches Aufbewahrungssystem erschaffen kann. Hierbei hängen dann Schränke, Leitern und Kisten nebeneinander wie auf Schienen und können bei Bedarf ganz flexibel woandershin verschoben werden.

Auch aus Aluminium

Unter der Bezeichnung „Einhängeprofile“ können Sie Schienen aus Aluminium fertig kaufen, die nach dem gleichen Prinzip funktionieren.

Ihr Vorteil: Da sie dünner als Holzleisten sind, bleibt die Lücke zwischen Wand und aufzuhängendem Gegenstand minimal. Mit solchen Aluschienen lassen sich auch Wandpaneele leicht montieren und ohne viel Aufwand wieder austauschen.

AUFSTIEG OHNE ABSTURZ: SICHER AUF LEITERN

1 Standfläche

Damit Sie von den Sprossen auch mit heilen Knochen wieder heruntersteigen, gilt es, Folgendes zu beachten: Die Leiter nur auf ebenem, trockenem sowie festem Untergrund platzieren.

2 Ausstattung der Leiter

Ganz grundsätzlich: Verkneifen Sie sich abenteuerliche Eigenkreationen aus aufeinandergetürmten Beistelltischchen und Bierkästen – so ein wackliger Ersatz bringt Ihnen nur schmerzhafte Sturzflüge ein.

Benutzen Sie stattdessen immer eine richtige Leiter! Für optimale Standfestigkeit sollte die Leiter oben und unten Gummikappen besitzen. Breite, geriffelte Trittflächen garantieren den besten Halt. Aus Aluminium bestehende Geräte sind besonders empfehlenswert, da sie leicht, stabil und rostfrei sind.

3 Schuhwerk

Beim Aufstieg flache, geschlossene Schuhe mit ordentlichem Profil tragen! Auf keinen Fall nur mal schnell in die Pantoffeln schlüpfen, barfuß oder gar mit Stöckelschuhen hinaufsteigen.

4 Polsterung

Müssen Sie bei der Arbeit länger auf derselben Sprosse stehenbleiben? Dann machen Sie's sich doch gemütlich. Um die harte Sprosse, gegen die Ihre Beine lehnen, etwas einladender zu machen, schneiden Sie einfach ein Stück von einer Schwimmnudel längs bis zur Mitte ein und stecken dies auf die Sprosse drauf. Und schon haben Sie ein schienbeinschonendes Polster parat!
Achtung: Falls Sie dann doch einmal höher steigen müssen, nicht mit den Füßen auf das Polster treten, sondern dieses vorher von der Sprosse wieder entfernen!

5 Anlegewinkel

Eine Anlegeleiter steht am stabilsten, wenn Sie sie so aufstellen, dass Leiter und Boden einen Winkel von etwa 75° bilden.

Wie lässt sich der richtige Winkel am besten abschätzen? Stellen Sie sich unten an der Leiter seitlich, mit der Fußaußenseite direkt an den Holm. Dann den Arm seitlich, im rechten Winkel zum Oberkörper zur Leiter hin ausstrecken – wenn die Ellbogenspitze den Holm gerade so berührt, passt der Winkel. Handelt es sich um eine Stehleiter, beachten Sie, dass die Spreizsicherung eingerastet ist.

IS JA HAMMER!

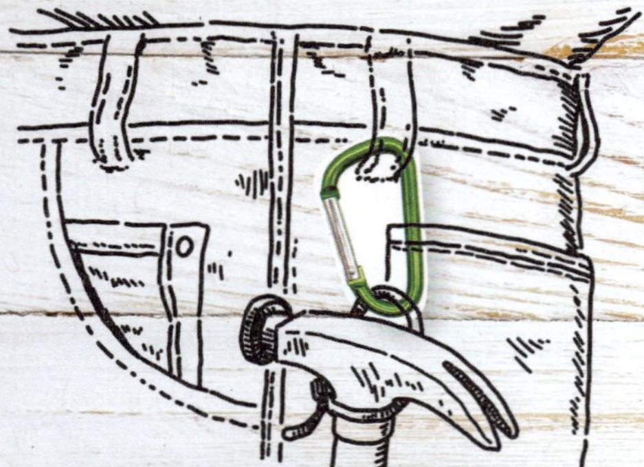

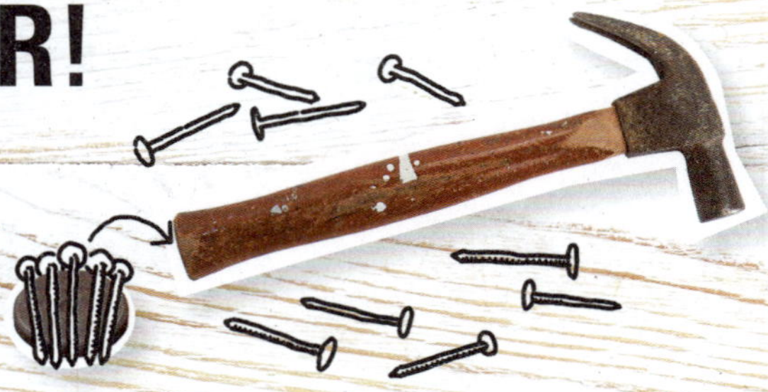

Zeigen, wo der Hammer hängt?

Wer einen **Karabinerhaken** in die Gürtelschlaufe einhakt und mit einem Kabelbinder verbindet, hat das schlagkräftige Arbeitsgerät immer an seiner Seite.

Machen die Nägel sich immer selbstständig?

Ans Stielende des Hammers einen Magneten kleben, wo alle brav beisammenbleiben. Geht auch: Starken **Magneten** in die Brusttasche des Hemds stecken, dann lassen sich die Nägel außen am Stoff griffbereit anheften.

Sollen die Finger

beim Einhämmern des Nagels nicht grün und blau gehauen werden, eine **Haar- oder Wäscheklammer** als Abstandhalter benutzen. Schonen die Finger ebenso: ein Kamm oder eine Flach- oder Spitzzange.

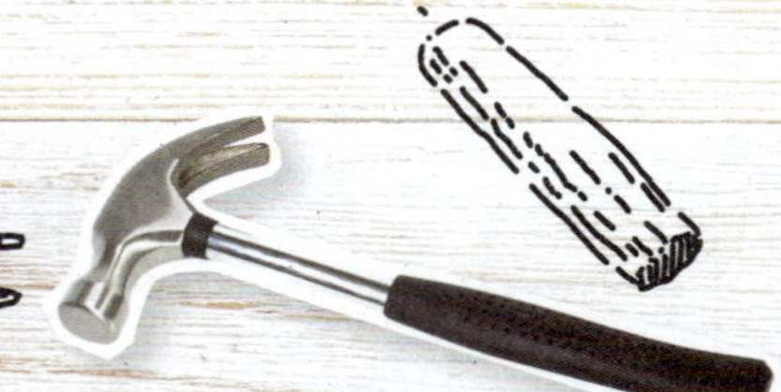

Wenn Sie Angst haben,

dass der Hammerkopf Ihnen mal im Eifer des Gefechts um die Ohren fliegen könnte, am besten von Holz- auf **Fiberglasstiel** umsteigen.

Beim Rausziehen eines langen Nagels mit einem Klauenhammer

legt man am besten den Griff eines Schraubenziehers oder ein **Holzstück** unter den Hammerkopf. Das schützt die Oberfläche vor Schrammen und sorgt für eine bessere Hebelwirkung.

Wer einen Nagel durch Pappe sticht

und als **Abstandshalter** benutzt, hat den zusätzlichen Vorteil, den Streifen mit Markierungen versehen zu können. So lässt sich z. B. eine Reihe von Nägeln in gleichen Abständen leicht parallel zur Kante reinhämmern.

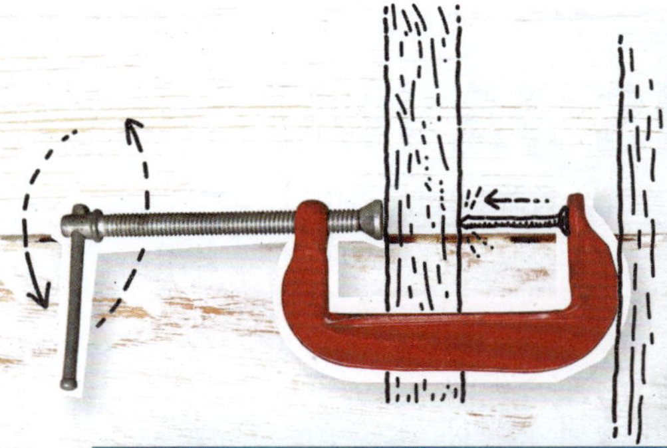

Was, wenn die Stelle zu unzugänglich ist, um mit dem Hammer auszuholen?

Bei begrenztem Aktionsradius einfach zu einer **C-Schraubzwinge** greifen und den Nagel damit ins Holz pressen.

Damit der Nagel

ohne übermäßige Verrenkungen und Gewaltaktionen reingehauen werden kann, sollte der Hammer ein **bestimmtes Gewicht** besitzen: am besten zwischen 300 und 500 Gramm.

Der Nagel spaltet beim Einschlagen das Holz?

Besser vorher einen dezenten **Hammerschlag** auf die Nagelspitze abgeben, damit diese etwas abgestumpft wird. Geht auch: Die Spitze auf eine harte Oberfläche, etwa Beton, platzieren und einmal kurz draufhämmern.

HAMMERDÄMPFER

WENN BESONDERES FEINGEFÜHL beim Zuschlagen gefragt ist, ein Gummihammer aber fehlt, lässt sich da bestimmt was basteln.

UM EMPFINDLICHE MATERIALIEN wie Fliesen zu schonen, gibt es folgende Möglichkeiten: Drücken Sie einen Haushaltsschwamm gegen den Hammerkopf und fixieren Sie ihn mit einem breiten Gummiband. Oder: Mit dem Cutter einen alten Tennisball kreuzförmig aufschneiden und den Ball dann einfach über das Metall stülpen. Hierbei den Schnitt anfangs lieber etwas kleiner machen, am Hammerkopf anprobieren und erst bei Bedarf erweitern.

LIEBER VERSCHIEBEN

WER NÄGEL am Ende eines Bretts einschlagen will, hat ein größeres Risiko, das Material dabei zu spalten. So bleibt Ihr Holz trotzdem heil.

DA DAS ENDE DES BRETTS beim Nageln einer L-Verbindung besonders rissempfindlich ist, sollte man das Ganze lieber verschieben. Nein, nicht die komplette Arbeit, nur das Brettende – und zwar dorthin, wo es sicherer ist. Konkret bedeutet dies, das Brett länger als nötig zu schneiden, um die Nägel mittendrin einschlagen zu können. Das „Mittendrin“ wird nach dem Nageln dann zum Brettende, indem man das überstehende Stück absägt.

TAPEZIEREN MIT TEMPO

Alte Tapeten schneller abbekommen

Ihre alte Tapete hat sich an der Wand wie ein Gecko festgesaugt und gibt trotz Wasser, Spülmittel und Spachtel kein bisschen nach? Oder haben Sie sogar mit mehreren übereinandergekleisterten Schichten von anno dazumal zu kämpfen?

Dann besorgen Sie sich eine Igelwalze oder einen Tapetentiger – diese beiden stacheligen Werkzeuge helfen dabei, die Tapete zu durchlöchern, damit die Flüssigkeit besser eindringen kann.

Oder als weitere Verstärkung: Leihen Sie sich im Baumarkt für ein paar Stunden einen Dampf-Tapetenablöser aus.

Vliestapeten

Wenn Sie es sich fürs nächste Mal einfacher machen wollen, wählen Sie am besten eine Vliestapete. Ihr Gewebe ist so stabil und reißfest, dass sie sich ohne viel Aufwand in einem Stück wieder von der Wand entfernen lässt – einfach an einer Ecke lösen und dann vorsichtig abziehen.

Ohne Einweichzeit

Wenn es Sie nervt, den Kleister so ewig lange in die Papiertapeten einweichen lassen zu müssen, greifen Sie auch deswegen lieber zu Vliestapeten. Bei dieser Art Tapete, die größtenteils aus Zellstoff und Textilfasern besteht, wird der Kleister direkt mit Streichrolle oder Quast auf die Wand aufgetragen, um anschließend sofort die Tapete darauf zu platzieren und blasenfrei anzudrücken – einfach und zeitsparend.

Weniger Bahnen

Wer weniger Bahnen zu kleben hat, ist auch fixer fertig mit der Tapezierarbeit. Warum also nicht einfach ein extrabreites Tapetenformat auswählen? Das am weitesten verbreitete Format in Europa, die Eurorolle, besitzt eine Breite von 53 cm. Doch inzwischen gibt es auch Tapeten, die bis zu 1,06 m messen.

Wenn Sie diese verwenden, sparen Sie ordentlich Zeit, da Sie nicht so oft darauf achten müssen, dass die Bahnen auch wirklich auf Stoß hängen.

DOPPELNAHTSCHNITT

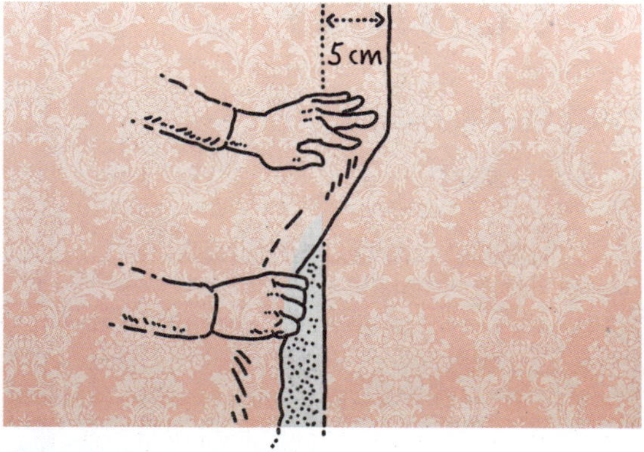

1. Die nächste Tapetenbahn so platzieren, dass sich eine Überlappung von ca. 5 cm mit der vorherigen Bahn ergibt.

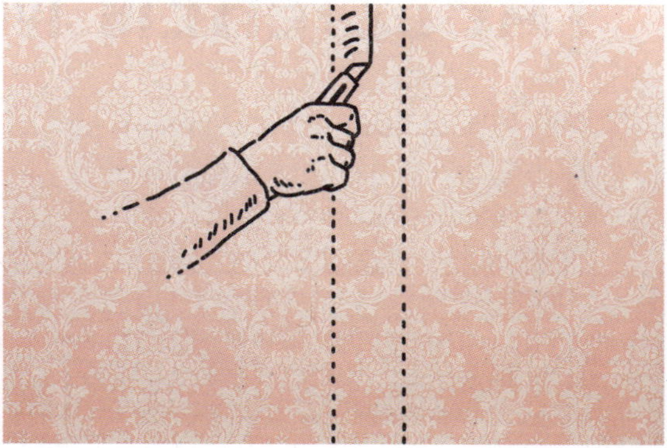

2. In der Mitte der Überlappung mit Lineal und Cutter oder Gleitfußmesser senkrecht durchschneiden. Profivariante: Wellenlinie schneiden, damit die Naht ganz unsichtbar wird.

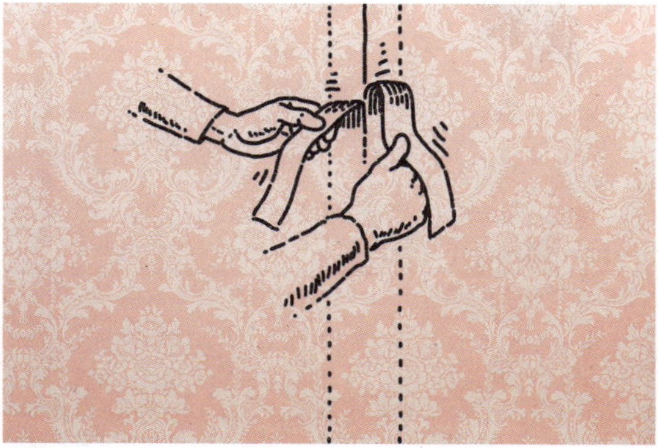

3. Nun die beiden losen Randstreifen der Länge nach entfernen.

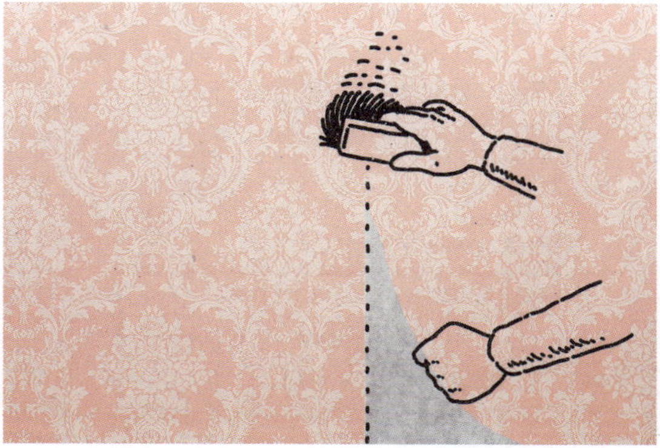

4. Die Naht mit Bürste oder Nahtroller glattstreichen. So vermeidet man hässliche Lücken zwischen den Bahnen. Außerdem: Fortlaufende Muster lassen sich so perfekt anpassen.

KALT
KLEISTER
Batch / Charge: AA4
No: 213390

TOLLE TIPPS FÜRS TAPEZIEREN

Alle paar Jahre (oder Jahrzehnte) muss man ran an die Tapete.

Beim Tapetenkauf darauf achten, dass alle Rollen auf dem Etikett die gleiche Chargennummer besitzen. Falls dies nicht der Fall ist, kann man sich eventuell auf Farbunterschiede oder andere Unregelmäßigkeiten gefasst machen: Die unterschiedliche Anfertigungsnummer weist darauf hin, dass die Tapeten an verschiedenen Tagen oder von unterschiedlichen Maschinen produziert wurden.

Wenn Sie die Tapetenbahn mit Kleister eingepinselt haben, nicht sofort an die Wand hängen. Das Einweichen dehnt die Tapete kurzfristig aus, sodass man ohne Warten riskiert, dass sich Falten bilden. Wie lange Sie warten sollten, hängt vom Material der Tapete ab. Genaueres über die Einweichzeit Ihrer Tapete finden Sie auf dem beiliegenden Einleger.

Ausnahme: Vliestapeten – die müssen nicht weichen, da sie nicht aus Papier bestehen.

Alte Tapeten schneller ablösen macht man üblicherweise mit Wasser und Spülmittel oder Wasser mit Kleister. Doch es geht noch einfacher, indem man Glasreiniger (aus der Sprühflasche) auf die Tapete sprüht. So löst sie sich am besten.

Kleister anrühren sollten Sie immer mit kaltem Wasser. Kleister, der mit warmem Wasser angerührt wird, neigt dazu, Klumpen zu bilden.

Beim Einstreuen des Kleisterpulvers ins Wasser, fleißig umrühren. Und wenn alles drin ist, nicht schlappmachen, sondern mindestens noch 2 – 3 Minuten weiter durchhalten. Das beste Gerät im Handbetrieb: ein Schneebesen. Wenn's motorisiert sein soll, einen Drahtbügel zurechtbiegen und in den Akkuschrauber einspannen.

Tapetenkleister muss nicht sofort komplett aufgebraucht werden. Wer ihn gut mit Folie abdeckt, kann ihn auch nach einer Woche noch verwenden.

Das Wellen-Symbol auf dem Tapetenetikett gibt Auskunft über die Waschbeständigkeit des Materials. Drei Wellen sind am besten, wenn die Tapete einiges aushalten soll – in der Küche z. B., wo Fettspritzer an der Tagesordnung sind.

Raufasertapete ausbessern? Wenn es sich nur um kleine Stellen handelt, dann die neuen Ersatzstücke nicht gerade schneiden, sondern unregelmäßig mit der Hand abreißen. So passen sich die Flicken unauffälliger ins Gesamtbild der Tapete ein.

MALERMEISTER

MIT DIESEN TRICKS bleibt alles im bunten Bereich.

Die Farbrolle vor dem Streichen

leicht **anfeuchten,** dann nimmt sie die Farbe besser auf.

Farbschmierereien am Rand?

Die Gehören der Vergangenheit an, wenn man mittig über die Dosenöffnung **Gummi- oder Kreppband** spannt bzw. klebt, woran man den Pinsel sauber abstreichen kann. Wer einen Drahtkleiderbügel zur Hand hat, kann sich daraus auch eine langlebigere Abstreichhilfe basteln.

Wer den Holzgriffen

seiner Pinsel mit der Säge einen **kleinen Einschnitt** verpasst, kann sie zum Abtropfen ganz praktisch waagerecht am Eimerrand einhängen.

Um Rolle oder Pinsel

während einer Streichpause oder am Tagesende vor dem Austrocknen zu bewahren, müssen sie nicht unbedingt ausgewaschen werden. Es reicht, sie fest in Alu- oder **Frischhaltefolie** einzuwickeln.

Der starke Farbgeruch

lässt sich überdecken, indem man in der Umgebung etwas **Vanillearoma** in Schälchen aufstellt. Ein paar Schalen mit weißem Essig tun es auch.

Wenn der Farbton nicht fertig gekauft,

sondern ganz speziell zusammengemischt wurde, empfiehlt es sich, eine kleine Flasche mit einem **Farbrest** davon aufzubewahren, um im Falle von Nachbesserungsarbeiten etwas parat zu haben.

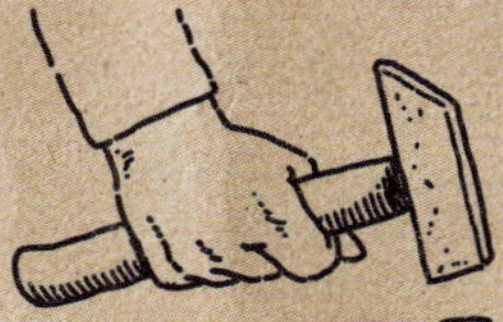

Die Rolle fängt an zu fusseln?

Bleiben beim Streichen Fusseln an der Wand kleben, steht eine nervige Wandsäuberung bevor. Daher besser vorher mit etwas **Klebeband** über die Farbrolle tupfen – oder für etwas mehr Geld eine bessere Rolle kaufen.

Farbdosen mit dem Deckel nach unten lagern:

So bildet sich **keine Haut** auf der Farbe, da der Dosenrand luftdicht versiegelt ist.

Wer vor dem Ausgießen in andere Behälter

in den inneren Ring der Dosenöffnung einige Löcher hämmert, ermöglicht Farbresten, in die Dose zurückzutropfen anstatt sich am Rand zu sammeln und anzutrocknen. Die Dose lässt sich auch weiterhin luftdicht verschließen, da der innere Ring vom Deckel **versiegelt** wird.

EINGETÜTETER TURBOMIX

BLITZSCHNELL DIE FARBE MISCHEN, ohne Boden, Wand und geliebte Mitmenschen zu bekleckern – so geht's.

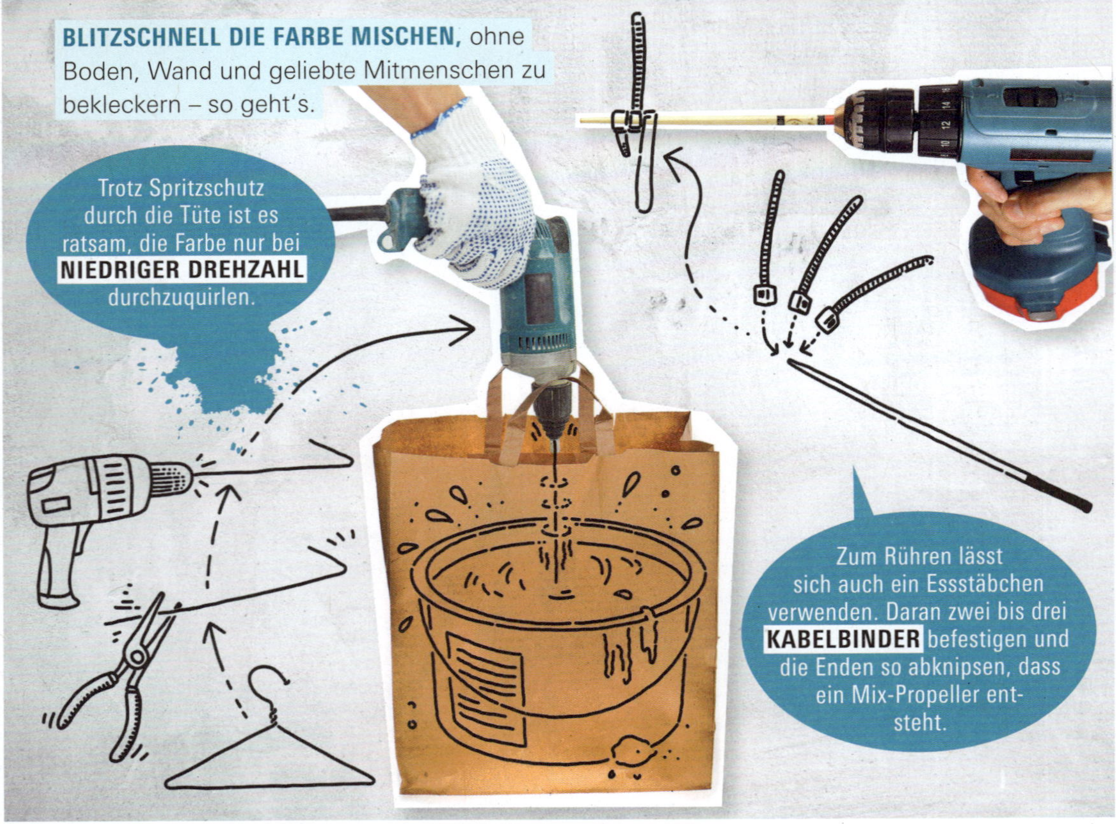

EWIG UND DREI TAGE PER HAND die Farbe umrühren? Lieber mit Maschinenpower Gas geben. Zunächst einen Einsatz für die Bohrmaschine basteln, z. B. aus einem Drahtkleiderbügel (aufknipsen, zu einem langen geraden Stück mit Haken am Ende zurechtbiegen und einspannen). Den Farbbehälter in eine große Einkaufstüte aus Papier mit schönem breiten Boden stellen und ihn öffnen. Nun nach Lust und Laune Farbtöne mischen und mit dem Bohrer durchwirbeln.

MALERFLASCHE

AB IN DEN PLASTIKMÜLL? Nein, wenn es ans Renovieren geht, startet die leere Flasche noch mal voll durch.

Ein Tropfschutz lässt sich aus dem Deckel einer **KAFFEE- ODER CHIPSDOSE** basteln: Ein Loch in die Mitte schneiden und den Griff des Pinsels durchstecken.

Wer seitlich eine Schlaufe an der Hose hat, kann den Henkel der Flasche durchschneiden, um sie dort **EINZUHÄNGEN.** Oder ganz lässig in der Hosentasche einhaken.

EINE ALTE WASCHMITTEL- oder Weichspülerflasche kommt gerade recht, wenn die eigenen vier Wände mal wieder farblich aufgefrischt werden sollen. Den Behälter gründlich ausspülen und per Cutter den Flaschenbauch wegschneiden, sodass unten ein mindestens 5 cm hoher Rand bleibt. Und dann bitte einschenken: Oben durch den Flaschenhals oder seitlich über die neue Öffnung Farbe eingießen und bei Bedarf mischen. Eine echt handliche Malerflasche.

SUPERSAUBERE KANTEN BEIM ABKLEBEN

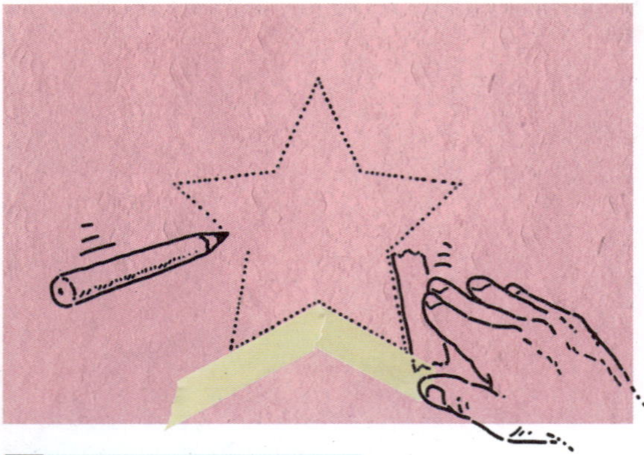

1. Die gewünschte Form an der Wand oder auf das Holzbrett anzeichnen. Mit Kreppband abkleben und fest andrücken.

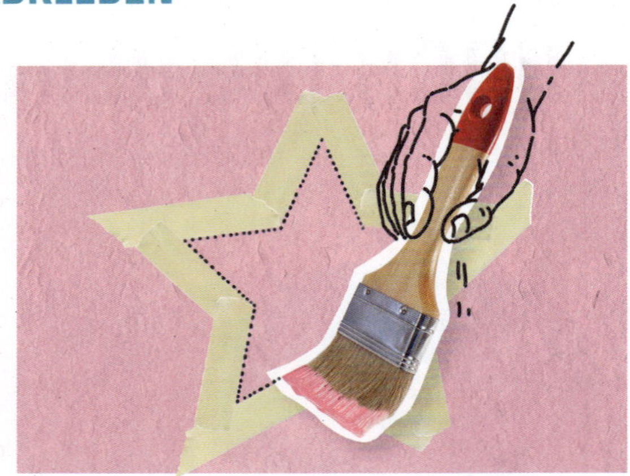

2. Die Kante, an der beide Farbe aufeinandertreffen sollen, mit der Untergrundfarbe bestreichen, sodass das Klebeband damit versiegelt wird.

3. Sobald die Untergrundfarbe getrocknet ist, die zweite Farbe auftragen.

4. Zum Schluss das Band abziehen, bevor die Farbe getrocknet ist. Keine Farbe konnte unters Klebeband laufen. So sehen rasiermesserscharfe Kanten aus!

HOCH DIE BEINE!

BEIM STREICHEN von Möbelbeinen lässt sich mit diesem Trick verhindern, dass sich unten hässliche Farblachen bilden.

WIE SCHNELL IST ES PASSIERT: Farbe rinnt an Stuhl- und Tischbeinen herunter und verklebt das Möbelstück mit Zeitung oder Plastikfolie, die zum Abdecken darunterliegt. Um sich solch einen Stress zu ersparen, einfach in jedes der Beine eine Schraube drehen – ca. 1,5 cm tief –, dann bleibt alles stabil. Nun das aufgebockte Möbelstück zurück in die Senkrechte bringen und bequem streichen. Nachdem die Farbe getrocknet ist, die Schrauben wieder entfernen.

BORSTENSCHONER

NACH DEM EINWEICHEN ist der Pinsel endlich wieder sauber, aber dummerweise sind Borsten verbogen. Hiermit lässt sich diese krumme Tour vermeiden.

MIT VERBOGENEN PINSELBORSTEN können Sie einen gleichmäßigen Anstrich vergessen. Daher sollten Sie beim Reinigen unbedingt darauf achten, dass die Borsten nicht den Boden des Behälters berühren, sonst werden sie nach allen Seiten auseinandergedrückt. Die Lösung ist eine Papierklammer am Pinselgriff. Deren Metallbügel seitlich ausbreiten, sodass sie auf den Rand des Behälters gelegt werden können. So kann der Pinsel seine Borsten lässig ausstrecken.

HENKELPUFFER

BLEISCHWERE EIMER herumzuhieven nervt. So überstehen Sie diese Schleppereien möglichst schmerzfrei.

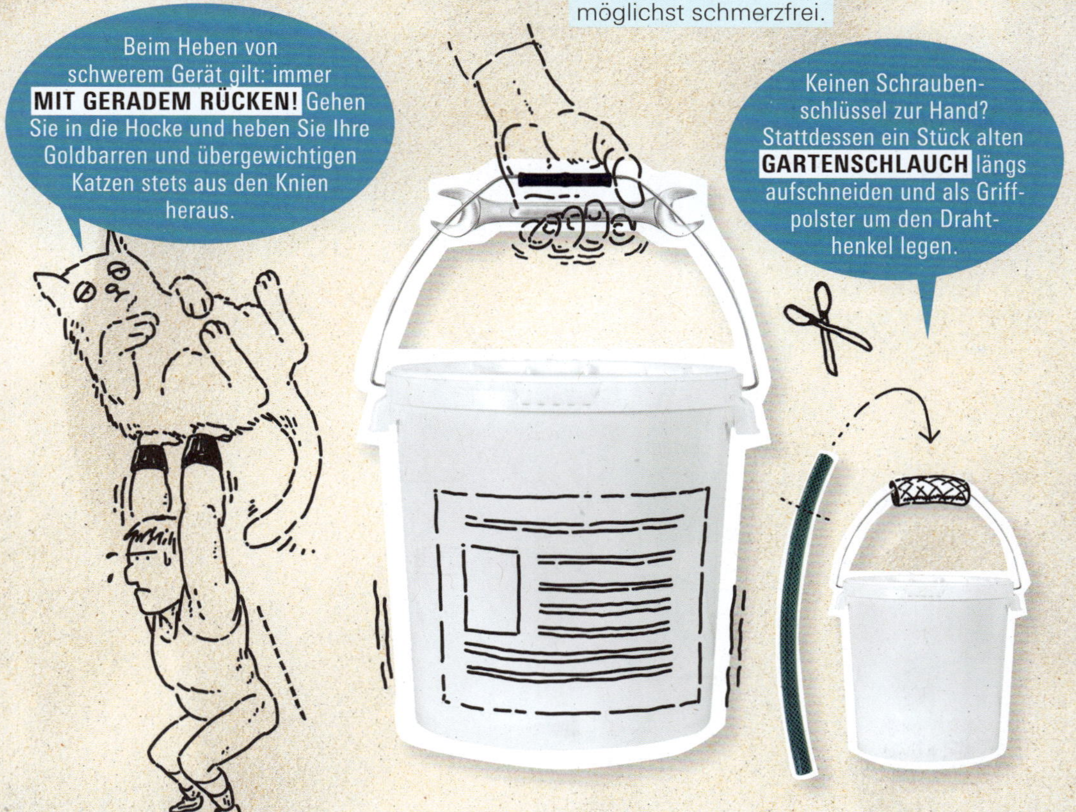

EIMER VOLLER FARBE, Sand oder Bauschutt sind oft so schwer, dass ihre Drahthenkel ganz gemein in die Hände einschneiden. Arbeitshandschuhe helfen da schon etwas – aber wenn diese gerade nicht parat sind oder falls noch ein Extrapuffer gewünscht wird, ist die fixe Lösung ein Doppelgabelschlüssel: Den einfach waagerecht am Henkel einhängen – und anheben. Auf diese Weise verteilt sich das Gewicht auf eine größere Grifffläche und die Hände bleiben heil.

STRUMPFHOSENSIEB

DIE ALTEN NYLONSTRÜMPFE helfen beim neuen Anstrich. Sauber!

KLUMPEN, FLUSEN, STAUB- und Rostpartikel lassen sich einfach und günstig aus Farbe heraussieben, indem man eine alte Strumpfhose ohne Löcher und Laufmaschen über einen Behälter stülpt und die Farbe hindurchgießt.

Wenn es sich um eine etwas größere Dose oder einen kleinen Eimer handelt, reicht es meist, ein halbes Strumpfbein abzuschneiden und über die Öffnung zu spannen. So landet alles Fragwürdige im Strumpf und nichts an der Wand.

PINSELPAUSE

NICHT NUR BEIM PLANSCHEN am Badesee sind Poolnudeln willkommen, auch beim Aufpeppen der Wohnung sind sie gern gesehen.

Wer den Behälter komplett mit Alu- oder **FRISCHHALTEFOLIE** auslegt, spart sich später aufwendige Säuberungsaktionen.

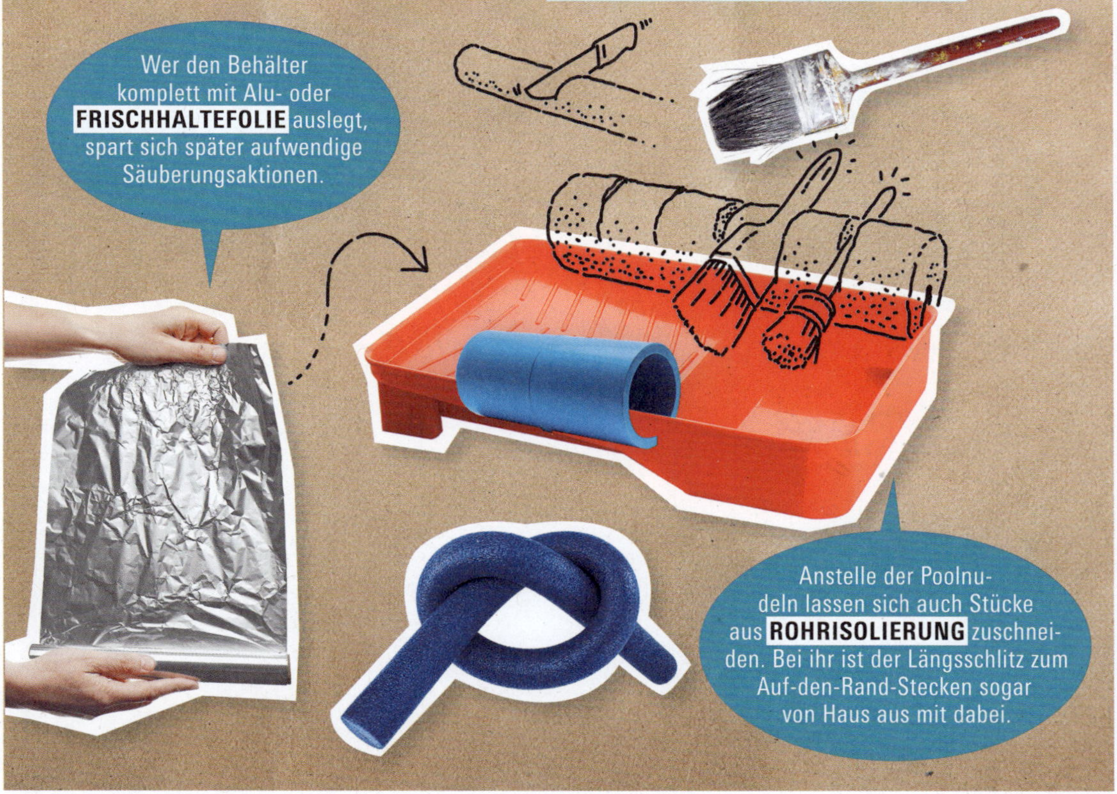

Anstelle der Poolnudeln lassen sich auch Stücke aus **ROHRISOLIERUNG** zuschneiden. Bei ihr ist der Längsschlitz zum Auf-den-Rand-Stecken sogar von Haus aus mit dabei.

WOHIN MIT DEN PINSELN, wenn gerade eine kleine Pause angesagt ist? Eine quietschbunte Schaumstoffwurst schafft Abhilfe. Die Poolnudel neben dem Behälter platzieren und entsprechend ablängen. Das Stück dann längs aufschneiden, um es auf den Rand von Farbwanne oder -eimer zu stecken. Zuletzt noch je nach Anzahl der Pinsel und der anderen Werkzeuge ein paar Schlitze hinzufügen, in die die Griffe hineingesteckt werden können. Malermeistermäßig!

ANTI-RUTSCH-FARBE

EIGENTLICH HABEN winzige Fremdkörper nichts in Farbe verloren. Zum Verbessern der Bodenverhältnisse sind sie aber herzlich willkommen.

Die Sandfarbe lässt sich natürlich auch für **WÄNDE** verwenden, um diesen eine ungewöhnliche Textur zu verleihen – eine feinere Form der Raufaser sozusagen.

Sie müssen nicht die ganze Fläche mit Sandfarbe beglücken. Bei Treppenstufen hilft es schon, in der Mitte einen **STREIFEN ABZUKLEBEN** und nur dort zu streichen.

HERRSCHT BEI IHNEN Rutschgefahr auf Treppen oder Rampen? Dann können Sie beim nächsten Anstrich ganz einfach für bessere Bodenhaftung sorgen. Die Fläche einmal komplett mit Latex- bzw. wasserfester Farbe anstreichen und trocknen lassen. Für den zweiten Anstrich nun die Farbe im Verhältnis 4 : 1 mit feinem Quarzsand „verunreinigen". Gut verrühren. Zuletzt noch eine dritte Schicht ohne Sand auftragen. Schon haben Sie ordentlich Grip unter den Füßen!

FLEXIBLE HANDWERKER

Leitern könnten an der Wand unschöne Abdrücke hinterlassen? Dann packen Sie ihre Enden in Gummihandschuhe ein, bevor Sie sie dagegenlehnen. Die Handschuhe garantieren nicht nur Sauberkeit, sondern auch **Rutschschutz.**

Alte Handschuhe nicht einfach wegschmeißen! Wenn sie gesäubert sind, kann man sie zu praktischen Gummibändern zerschneiden, mit denen sich Kabel und vieles mehr zusammenhalten lassen.

Sie haben den Deckel der Farbdose verlegt? Einfach einen Gummihandschuh luftdicht drüberziehen.

Einen Pinsel vor dem Austrocknen schützen? Auch hier einen Gummihandschuh drüberziehen – aber das lässt sich auf besonders elegante Weise erledigen: Mit dem Handschuh, den Sie gerade tragen, die Pinselborsten ergreifen, dann mit der anderen Hand den Saum des Handschuhs packen und ihn über den gesamten Pinsel drüberstülpen. Zuletzt den auf links gedrehten Handschuh noch mit einem Gummiband am Griff befestigen.

Eine Dosiervorrichtung für eine Flasche basteln Sie, indem Sie in einen abgeschnittenen Gummihandschuhfinger ein Loch stechen und diesen Finger dann über die Öffnung stülpen.

Schwitzige Handschuhe zum Trocknen von rechts auf links gedreht? Meist bleiben dann einige Finger auf links hängen. Um nicht lange herumfummeln zu müssen, den Handschuhsaum zupressen, hochrollen und den Handschuh so drücken, dass er sich aufbläht und die Nachzüglerfinger rausploppen.

ZYLINDER ABKLEBEN

1. Die runden Flächen oben und unten, an die keine Farbe kommen soll, ganz grob mit Kreppband abkleben. Das Band darf ruhig großzügig überstehen.

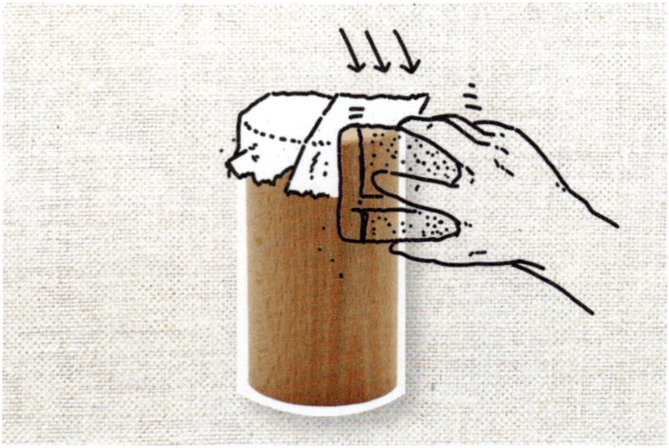

2. Mit einem feinen Schleifpapier (200er-Körnung oder mehr) mit Handbewegungen von oben nach unten den Rand abschleifen.

3. Durch das Abschleifen ist eine Kante im Papier entstanden. Rundherum die überstehenden Kreppbandreste abziehen. Das Ergebnis ist eine klar und sauber abgeklebte Kante.

4. Jetzt den Zylinder mit Farbe besprühen und anschließend trocknen lassen. Zuletzt noch das übrige Kreppband oben und unten entfernen.

SPRÜHBOX

WER KLEINE GEGENSTÄNDE mit Farbe besprühen will, bastelt sich am besten ein Mini-Atelier aus Pappe.

Besprühen Sie ein **BECHERFÖRMIGES OBJEKT?** Dann unten ein Stück Schaumstoff reinlegen, senkrecht einen Holzstab hineinstecken und den Gegenstand oben draufhängen.

Wenn die Unterseite des Gegenstands nicht frei zugänglich sein muss, ist es von Vorteil, einen **DREHTELLER** hineinzustellen. So gelangt man ruckzuck an alle anderen Seiten.

DER GRIFF ZUR SPRAYDOSE lohnt: die Farbe wird wunderbar gleichmäßig aufgetragen und man kommt fixer voran als mit Pinsel und Roller. Damit dabei Boden und Wände nicht unfreiwillig bunt werden, kommt ein Karton ins Spiel. Darin das Objekt an einem zurechtgebogenen Drahtkleiderbügel aufhängen und oben einen Henkel formen, damit das kleine Kunstwerk gedreht werden kann. Ein zusätzliches Dachfenster im Atelier sorgt für beste Lichtverhältnisse.

Geschüttelt, nicht gerührt!

Die Sprühdose vor dem Einsatz mindestens drei Minuten schütteln.

SPRÜHENDE LEIDENSCHAFT

Sprühfarbe zu verwenden, bietet sich vor allem dann an, wenn der Gegenstand eine unebene Oberfläche besitzt, da auch schwer zugängliche Nischen und Ecken mit Leichtigkeit erreicht werden.

Der Farbauftrag kann nur so gut werden wie die Oberfläche vorbereitet ist. Also: säubern und gegebenenfalls abschleifen!

Für eine möglichst staubfreie Umgebung sorgen. Daher zum Beschleunigen des Trocknens auch lieber keinen Ventilator oder Föhn benutzen, da diese Schmutzpartikel auf die Farbe wirbeln können.

Beim Sprühen entweichen giftige Dämpfe, die die Atemwege schädigen. Sorgen Sie also für einen gut durchlüfteten Arbeitsplatz und tragen Sie zu Sicherheit eine Atemschutzmaske.

Nicht zu lange auf eine Stelle sprühen, das verursacht Tropfnasen. Den Arm beim Sprühen nicht in einem Bogen bewegen, sondern die Düse parallel zur Oberfläche in fließend hin- und herschwenkenden Bewegungen führen – so als ob man eine Fensterscheibe putzt, hinter der sich der Gegenstand befindet.

Falls möglich, die Gegenstände an der Decke aufhängen, dann hat man von überall leichten Zugang und muss nicht warten, bis bestimmte Seiten getrocknet sind, um fortfahren zu können. Oder: Das Objekt auf einen Drehteller stellen oder zumindest auf ein Stück Pappe legen, das man von Hand drehen kann.

Lieber mehrere dünne Schichten mit etwas Trockenzeit dazwischen auftragen als sofort auf einmal nur eine ganz dicke Schicht. Wer bei jeder neuen Schicht die Richtung seiner Bewegungen ändert, kann so alle Flächen besser gleichmäßig abdecken, ohne dass dabei ein unerwünschtes Streifenmuster entsteht.

Nach dem Benutzen die Sprühdose immer säubern, denn teilweise verklebte Düsen beeinträchtigen das gleichmäßige Spraymuster. Oder noch schlimmer: Die Düse ist ganz verklebt und nichts geht mehr.

Daher hinterher die Dose verkehrt herum halten und die Düse drücken, bis keine Farbreste mehr im Spray zu erkennen sind. Danach mit einem Lappen abwischen. Geht auch: Düse abnehmen und in Nagellackentferner einweichen. Oder: Die Düse abnehmen und auf eine Dose Kriechöl stecken. Dann Öl durchsprühen, wieder abnehmen, abwischen und zu guter Letzt zurück auf die Farbdose setzen.

NOCH GANZ DICHT? SILIKONFUGEN ERNEUERN

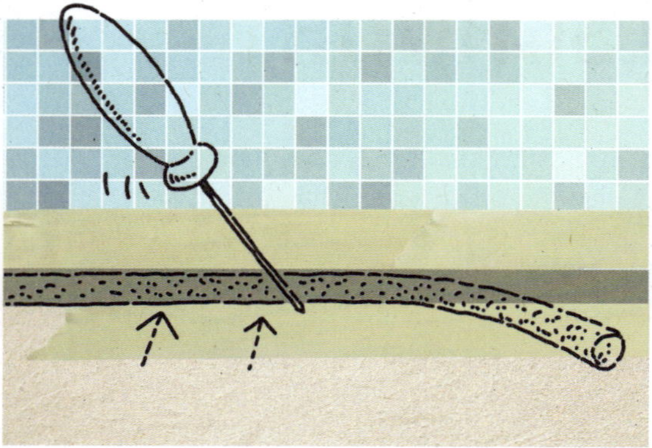

1. Alte Silikonreste mit einem Fugenkratzer komplett entfernen. Dann eine Hinterfüllschnur mit Schraubendreher oder Spachtel tief in die beidseitig abgeklebte Fuge drücken.

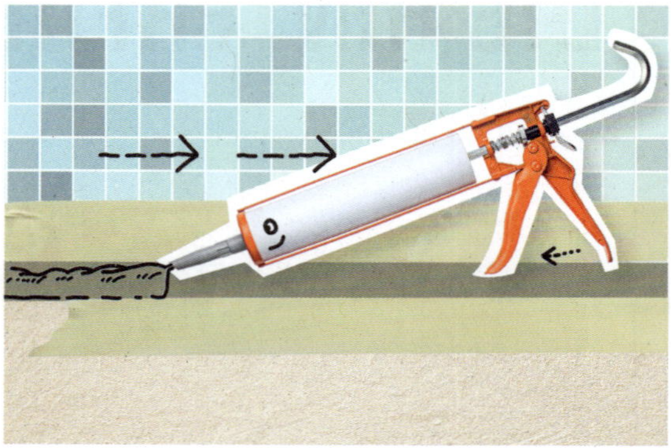

2. Silikonmasse aus der Kartusche, deren Spitze in einem Winkel von 45° abgeschnitten wurde, gleichmäßig in die Fuge spritzen.

3. Das Glättwerkzeug mit etwas Wasser mit Spüli beträufeln und damit an der Fuge entlangfahren, um überschüssige Silikonmasse zu entfernen.

4. Das Kreppband abziehen, bevor das Silikon getrocknet ist. Dann einen Finger in das Spüliwasser tauchen und damit glättend übers Silikon streichen.

DIE HINTERFÜLLSCHNUR

Immer schön elastisch bleiben

Das passende Dichtungsmaterial für die Fuge auszuwählen, ist ein guter Anfang. Das reicht aber noch lange nicht, um eine verlässliche Fuge hinzubekommen, die nicht schon bald wieder wegen allerlei Risse erneuert werden muss.

Auch die Variante, einfach massig Silikon in die Fuge zu pumpen, ist nicht optimal. Sicher, irgendwann wird sie schon voll, aber das ist weder professionell noch auf Dauer günstig.

Um elastisch abdichten zu können, muss der Dichtstoff einen gewissen Bewegungsspielraum besitzen – er muss Zug- und Druckbewegungen nachgeben können. Diese Flexibilität wird durch das Einbringen von Fugenfüllmaterial sichergestellt.

Oft vergessen – immer bereut

Hier kommt nun die Hinterfüllschnur, die von vielen Heimwerkern vergessen wird, ins Spiel. Die Hinterfüllschnur, auch unter den Namen PE-Rundschnur, Fugenschnur oder Fugenfüll- bzw. Hinterfüllprofil bekannt, ist die graue Eminenz im Hintergrund der Fugenerneuerung. Diese Schaumstoffwurst hält auseinander, was auseinander gehört: Denn die Silikonmasse sollte nur mit den beiden Fugenflanken in Kontakt geraten, aber nicht mit dem Fugengrund.

Damit das eingespitzte Silikon also nicht bis zur Rückwand und bis zum Boden vordringt, muss die Fuge vorbereitet werden, indem die Hinterfüllschnur als Puffer eingefügt wird.

Benötigten Durchmesser bestimmen

Die Hinterfüllschnur sollte etwa 30 % größer sein als die Fugenbreite: Sie soll in die Fuge hineingequetscht werden können.

Hinterfüllschnur in Aktion

Nachdem der Spalt gründlich gereinigt wurde, legen Sie die Hinterfüllschnur entlang der Fuge aus. Pressen Sie sie mit den Fingern hinein und nehmen Sie zuletzt einen Schraubendreher oder eine Spachtel zur Hilfe, damit sie ganz tief in der Fuge sitzt. Danach ans Auftragen der Silikonmasse gehen.

SILIKON ODER ACRYL?

Welchen Dichtstoff für welche Fuge? So treffen Sie die richtige Wahl:

Heimwerker greifen oft zum falschen Dichtungsmaterial und ärgern sich hinterher. Denn die beiden gängigsten Kandidaten gleichen sich wie ein Ei dem anderen. Silikon und Acryl besitzen beim Verarbeiten eine teigartige Beschaffenheit und ausgehärtet fühlen sie sich an wie ganz normaler Gummi.

Doch der Schein trügt – sie unterscheiden sich in ganz wesentlichen Eigenschaften.

Silikon ist wasserdicht. Es wird eingesetzt, wenn die Wand gegen eindringende Feuchtigkeit geschützt werden soll, wie im Badezimmer oder in der Küche, z. B. beim Spülbecken. Der Pilz- und Schimmelbildung wird durch spezielle Wirkstoffe im Silikon entgegengewirkt. Der Dichtstoff bleibt lange elastisch und ist für Stellen zu empfehlen, wo sich der Untergrund etwas bewegt.

Das grobporigere Acryl hat den Vorteil, dass man drüberstreichen und -tapezieren kann. Nachteil: Es haften nicht nur Farbe und Tapete, sondern auch Schmutz und Staub besser. Acryl wird verwendet, um Anschlüsse zwischen Decke und Wänden, etwa im Wohnbereich, zu gestalten. Außerdem lassen sich Risse und Dübellöcher in der Wand damit ausbessern. Es ist wasserdurchlässig.

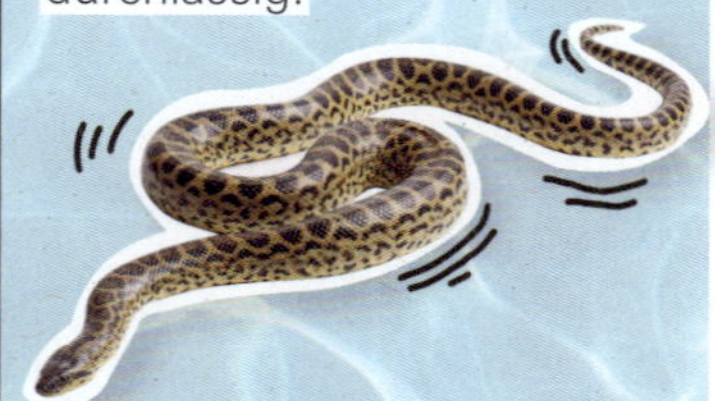

Wer nicht weiß, was in seinen Fugen steckt, merkt es beim Entfernen: Das ausgehärtete Acryl reißt beim Ziehen schnell ab, das elastische Silikon schlängelt sich wie eine Gummi-Anakonda am Stück aus der Fuge.

KARTUSCHENKORKEN

ALLES FLEISSIG VERFUGT? Hut ab! Aber was soll man jetzt mit der offenen Silikonspritze anfangen, die noch halb voll ist?

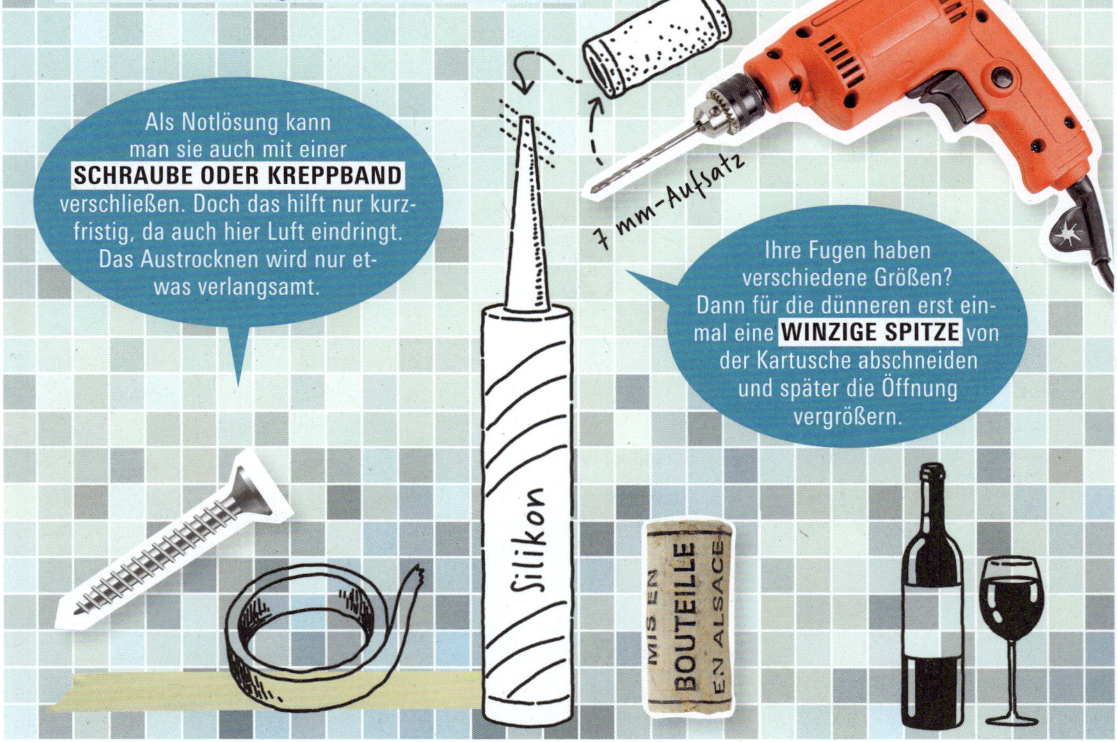

ES WÄR DOCH SCHADE, wenn das Silikon komplett austrocknet. Die besten Ressourcen, um die angebrochene Kartusche möglichst gut abzudichten, haben Weintrinker. Wer einen Kunststoffkorken nimmt und mit einem 7-mm-Aufsatz ungefähr bis zur Hälfte ein Loch bohrt, hat einen super Spritzenverschluss parat. Ein Naturkorken dagegen ist porös, lässt also massig Luft durch. Nur ein Kunststoffkorken schafft es, die Kartusche annähernd luftdicht zu versiegeln.

LÄSSIG LEIMEN

Wo Leim herausquillt, ist auch welcher drin. Wenn keiner entfleucht, besteht die **Gefahr,** dass zu wenig aufgetragen wurde, um eine stabile Verbindung zu ermöglichen.

Herausquellenden Leim nicht gleich hektisch mit einem feuchten Lappen wegwischen. Da wird mehr verschmiert als gesäubert. Besser: Sobald die Leimperlen gummiartig verhärten, mit einem **Spachtel** abschaben.

Beim Wegschleifen von Leimflecken auch wirklich nichts übersehen? Holz am besten schnell mit **Waschbenzin** einreiben – dieses macht verbliebende Spuren gut sichtbar.

Leim, der aus der Fuge einer Innenecke herausquillt, lässt sich ohne viel Geschmiere entfernen, wenn man einen **Strohhalm** benutzt. Dafür entweder vorne leicht schräg anschneiden oder die Spitze so in die Ritze drücken, dass er sich ganz nach Wunsch anpasst.

Wenn Bretter beim Verleimen hin- und herrutschen, vorher etwas **Salz** auf den Leim streuen. Die Körnchen geben Haftung und die Klebung wird rutschfester.

Praktische Mini-Schaber haben Hobbymusiker immer parat. So ein **Gitarrenplekton** eignet sich wunderbar dazu, Holzkitt in kleine Löcher zu schmieren.

Wer Leim in eine Ritze schmieren will, benutzt oft einen Zahnstocher. Schneller geht's allerdings mit einem **Kompressor,** dessen Druckluft den Leim reindrückt. Statt Drücken geht auch Ziehen: Von unten einen kräftigen Staubsauger dranhalten, der den Leim hineinzieht.

Nur Verleimen könnte zu wacklig werden? Wenn die Werkstücke dick genug sind, in regelmäßigen Abständen einige **kleine Nägel** in die zu verleimenden Flächenschlagen und die Köpfe knapp über demHolz abknipsen. Dann Leim auftragen und die beiden Werkstücke mit Schraubzwingen fixieren.

Stirnholz verleimen? Gar nicht so einfach, da der Leim rasch aufgesaugt wird. Deshalb erst eine **1 : 1-Wasser-Leim-Mischung** auf die Stelle tupfen, um die Poren zu füllen. Trocknen lassen. Danach wie üblich verleimen.

ANTI-HAFT-PINSEL

ER IST ALS BACKFETT-, Brat- und Küchenpinsel bekannt, aber seine Vielseitigkeit ist noch lange nicht ausgereizt.

DIESES KÜCHENGERÄT hätte ebenso gut den Namen Leim- oder Anti-Haft-Pinsel verdient. Denn Pinselreinigen ist damit definitiv Sache von gestern. Wer mit dem Pinsel Holzleim aufträgt und ihn danach eine Weile liegen lässt, kann den getrockneten Leim, der schon von allein abblättert, ohne Mühe von den Borsten abziehen. Sollen größere Flächen geleimt werden? Dann auch gleich den Silikon-Teigschaber aus der Küche in die Werkstatt entführen.

FLECKENFREI HOLZ VERLEIMEN

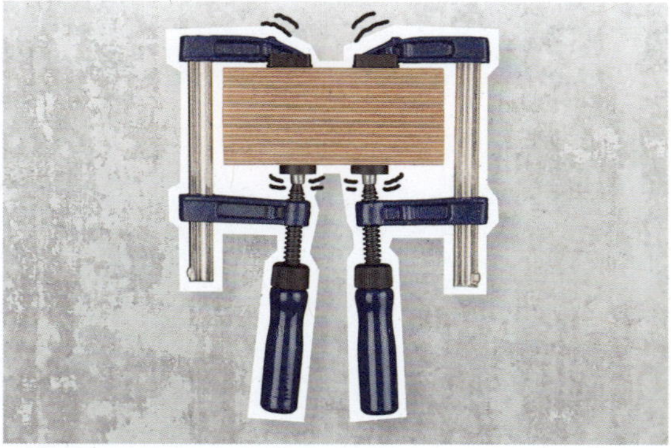

1. Zwei Holzbretter mit Schraubzwingen zusammenklemmen.

2. Die Fuge von oben und unten komplett mit Malerkrepp abkleben. Dann mit einem Cuttermesser entlang der Fuge schneiden.

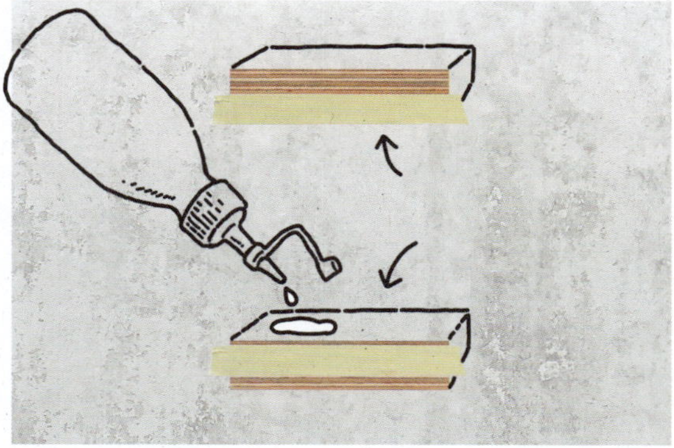

3. Die Holzbretter wieder trennen und auf die beiden Verbindungsflächen Leim auftragen. Danach die Bretter erneut zusammenklemmen.

4. Überschüssiger Leim quillt aus der Fuge aufs Klebeband. Das Holz bleibt sauber. Zuletzt noch das Kreppband entfernen, bevor der Leim festtrocknet.

Achtung:

Der Schmelzklebstoff aus der Pistole wird auf bis zu 220° erhitzt. Beim Werkeln und Basteln mit Heißkleber ist also definitiv Vorsicht geboten, sonst drohen schwere Verbrennungen.

MANCHE KLEBEN'S HEISS

Er ist einer von der schnellen Truppe: Der Heißkleber verbindet rasch und belastbar die verschiedensten Materialien. Doch er kann noch viel mehr: Er puffert. Er verleiht Haftung. Und er rettet Stühle in Not.

Keine Anschlagdämpfer parat, um empfindliche Oberflächen wie Glastische zu schützen? Einfach ein paar Tupfer Heißkleber auf den Boden des Topfes geben. Kurz kühlen lassen und dann mit dem Finger vorsichtig plattdrücken. Fertig sind die Bodenpuffer!

Das Werkstück aus Holz soll mal auf die Schnelle rutschfest am Tisch fixiert werden? Da hilft Heißkleber weiter. Einfach auf jede Ecke der Unterseite einen Tupfen drücken und auf den Tisch pressen.

Heißkleben ohne Pistole? Einfach den Stift an einer Feuerzeugflamme erhitzen. Sehr nützlich, wenn weit und breit keine Steckdose für die Pistole zu finden ist.

Eine superlange Klebelinie vollkommen ununterbrochen hinzubekommen, ist bei Ihrem Projekt wichtig? Kein Problem: für mehr Ausdauer einfach einige Klebestifte zu einer Riesenschlange zusammenkleben.

Falls Sie eine Schutzscheide für ein scharfes Messer oder ein empfindliches Werkzeug brauchen, die Klinge zunächst einmal dick mit Vaseline einreiben. Dann die Klinge flächendeckend in Kleber einhüllen. Kühlen lassen und zuletzt den fertigen Klingenschutz abziehen.

Eine feste Klebeverbindung soll gelöst oder ein wenig verändert werden? Dann mit einer Heißluftpistole wieder erwärmen und umgestalten.

Geht auch: Die Ränder des Klebers mit Waschbenzin oder Spiritus einpinseln, einwirken lassen und dann den Kleber per Hand abpfriemeln.

Die Gäste stehen vor der Tür, aber der Stuhl wackelt! Was tun? Einfach etwas Heißkleber auf das zu kurze Bein geben, den Stuhl wieder richtig herum hinstellen und das Problembein auf ein Stück Backpapier stellen.

Dabei den Stuhl so halten bzw. stabilisieren, dass der Kleber nicht vom Gewicht des Stuhls plattgedrückt wird. Sobald der Kleber abgekühlt ist, das Backpapier entfernen.

Wer Silikonformen, wie sie z. B. für Eiswürfel benutzt werden, mit Heißkleber füllt, kann daraus kleine Schmuckstücke zaubern.

Für die Küche sind die Förmchen danach allerdings nicht mehr zu verwenden.

2-KOMPONENTEN-KLEBER

Zwei, die zusammenhalten

Der Kleber aus der Zwillingsspritze kommt vor allem dann zum Einsatz, wenn es darum geht, verschiedene Werkstoffe belastbar miteinander zu verbinden, etwa Holz mit Metall, mit Kunststoff oder mit Keramik. Die beiden Bestandteile des Klebers auf Epoxidharzbasis sind Harz und Härter. Sie haben den Kleber nicht in Spritzenform, sondern in zwei großen Flaschen gekauft? Dann die beiden Komponenten am besten mit Kreppband zusammenkleben – dann geht keine verloren.

Die Mischung macht's

Wer den Kleber bis kurz vor der Mischung im Kühlschrank aufbewahrt, hat später etwas länger Zeit, um ihn zu verarbeiten, weil er gekühlt langsamer hart wird.

Da die beiden Bestandteile aufgrund von Luftbläschen nie gleichmäßig aus den beiden Spritzen herauskommen, sollte man den Steg des Doppelpacks einfach mit einem Cutter durchtrennen – so hat man das gewünschte Mischungsverhältnis besser im Griff.

Die beiden Komponenten lassen sich auf einem Stück Alufolie mit einem Holzstäbchen vermischen. Oder, was auch sehr praktisch ist: Die Bestandteile direkt in die Ecke eines Gefrierbeutels drücken, dann mit den Händen von außen durchkneten, bis alles gut vermischt ist. Und am Ende einfach eine kleine Ecke des Beutels abschneiden – dann lässt sich die Klebstofflinie wohl dosiert herausdrücken.

Allergische Reaktionen

Achtung: Es gilt, den Hautkontakt mit Epoxidklebstoffen zu vermeiden. Allergische Reaktionen wie juckende Flecken und Bläschen können die Folge sein. Für ausreichende Belüftung sorgen und zum Schutz Butyl- oder Nitrilhandschuhe anziehen, außer der Klebstoffhersteller empfiehlt ein anderes Handschuhmaterial. Leder- oder dünne Einmalhandschuhe sind nicht geeignet.

Wurden Hautstellen verunreinigt, am besten sofort mit Seife und Wasser abwaschen – keine Lösungsmittel verwenden.

KLEBEFOLIE BLASENFREI BEFESTIGEN

1. Die Oberfläche, auf der die Folie angebracht werden soll, etwa ein Regalbrett oder ein Tisch, flächendeckend mit Glasreiniger besprühen – für eine Nassklebung.

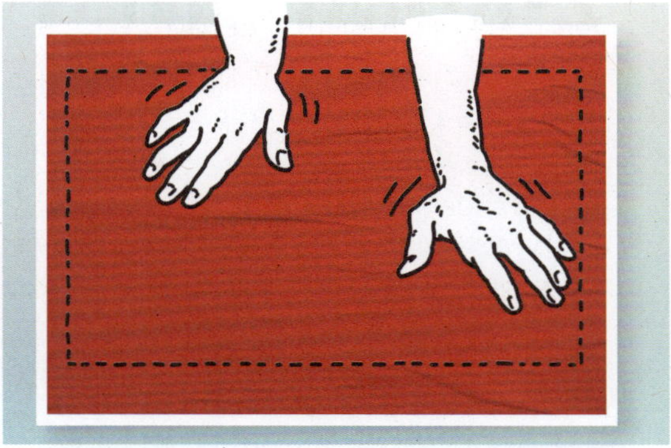

2. Die grob zugeschnittene Klebefolie auf der Oberfläche platzieren. Hier lässt sie sich nun ganz pflegeleicht hin- und herschieben.

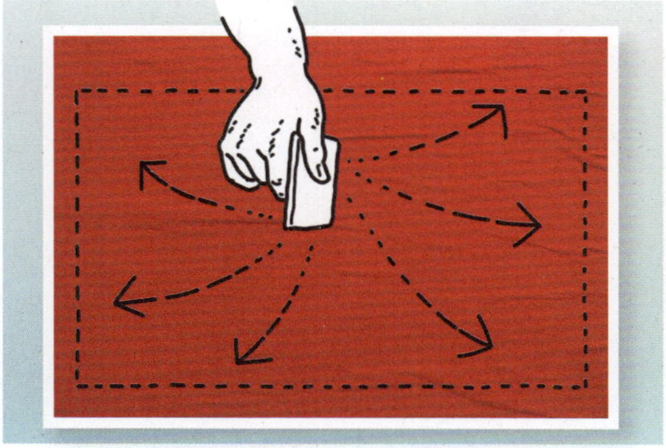

3. Mit einer Geschenkkarte aus Plastik oder einem Rakel von der Mitte aus nach außen zu den Kanten hin glattstreichen, damit der Glasreiniger und Luftbläschen herausgepresst werden.

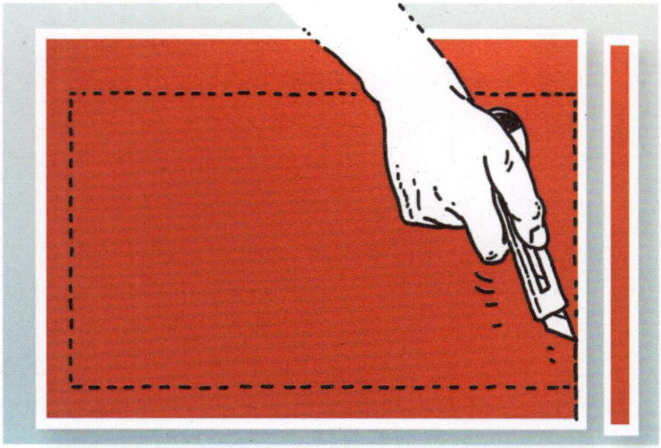

4. Überstehende Folienreste am Rand mithilfe eines Cutters sauber abschneiden. Der Glasreiniger-Trick klappt auch beim Anbringen von Sonnen- oder Blickschutzfolien am Fenster.

GEMEINSAM BEZWUNGEN

DIE BEIDEN ZWINGEN sind zu klein, um Ihre Bretter zusammenzuhalten? Dann machen Sie eine große daraus.

WENN SIE BEIM EINSPANNEN von Werkstücken merken, dass es Ihren Zwingen an Reichweite fehlt, sollten Sie mehr Zusammenarbeit verlangen. Beide Zwingen so weit wie möglich öffnen. Die Druckbacken, die sich in Griffnähe befinden, gegenüber voneinander an den Kanten der Werkstücke platzieren und in der Mitte die Druckbacken ineinandergreifen lassen. Nun beide festziehen, sodass sie sich zu einer großen Zwinge vereinen. Gemeinsam sind sie stark.

ROHRKLEMMEN

KLEMMEN KANN MAN nie genug haben. Schneiden Sie sich doch einfach die ein oder andere ab.

UM IHR KLEMMENARSENAL aufzustocken, nehmen Sie ein PVC-Rohr und schneiden Stücke unterschiedlicher Breite ab – z. B. mit einer Tischkreissäge. Diese Rohrringe dann an einer Seite längs aufschneiden – je weiter Sie diese Öffnung vergrößern, desto weniger Kraft wird die Klemme später ausüben. Nun die Schnittkanten mit einer Feile entgraten. Schon haben Sie viele nützliche Helfer, die z. B. beim Verleimen von Holz mit zuschnappen können.

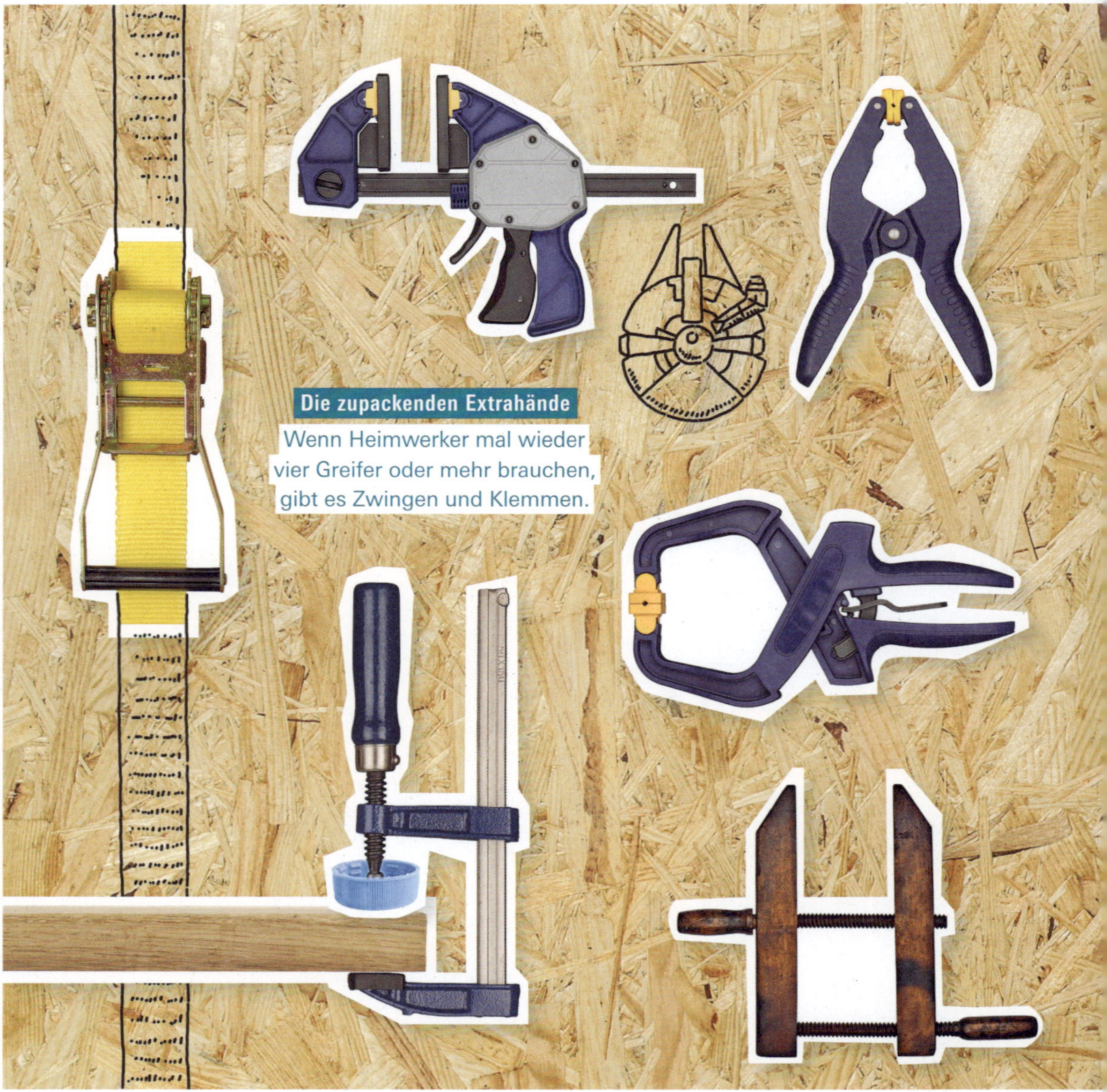

Die zupackenden Extrahände

Wenn Heimwerker mal wieder vier Greifer oder mehr brauchen, gibt es Zwingen und Klemmen.

FANTASTISCH FIXIEREN

Klemmen, Zwingen, Zangen und Spangen gibt es in verschiedensten Formen, Funktionen und Farben.

Ihr Name verrät schon die Anwendung: Überlegen Sie sich, ob Sie ein Werkstück nur kurz zusammenpressen oder anklemmen wollen oder ob es dauerhaft fixiert sein soll.

Spanngurte, mit denen sonst Frachtgut abgesichert wird, lassen sich auch anstelle von Schraubzwingen benutzen – z. B. beim Verleimen von Rahmen, Kisten und Tischplatten.

Die Druckplatte einer Zwinge hinterlässt keine Abdrücke auf dem Holz, wenn man einen Flaschendeckel aus Plastik mit Heißkleber an ihr befestigt.

Zwischen zwei an der Arbeitsfläche festgeschraubten Platten lassen sich ohne Schraubzwingen Bretter verleimen, indem man an einem Ende Keile hineintreibt, um Spannung zu erzeugen.

Wer mit einer Parallelschraubzwinge ein Werkstück hochkant einspannt und die Schraubzwinge mit einer weiteren Zwinge an der Werkbank befestigt, hat einen Schraubstock improvisiert.

Fugenspritzen kann man auch als Schraubzwingen einsetzen.

Runde Gegenstände fixieren? Einfach einen Fahrradschlauch längs aufschneiden, straff darumwickeln und mit einer Federklemme befestigen.

Schraubzwingen sind nicht nur beim Verleimen hilfreich. Wer ein Brett am Ende der Werkbank fixiert, hat eine Anti-Rutsch-Vorrichtung für Bretter, die abgeschliffen werden sollen.

Geräte, die gerade nicht fest montiert sind, können rasch mit ein paar Schraubzwingen fixiert werden.

Eine Parallelschraubzwinge lässt sich hervorragend benutzen, um an der Ständerbohrmaschine oder am Frästisch kleine Werkstücke mit genügend Sicherheitsabstand an Ort und Stelle zu halten.

Eine ausgewachsene Werkbank geht zwar eher in Richtung Einrichtungsgegenstand, besitzt aber neben einer robusten Arbeitsfläche auch einen großen Schraubstock, mit dem selbst sperrige Werkstücke in allen möglichen Positionen fixiert werden können.

Für Modellbau eignen sich kleine Klemmen mit verstellbarem Druck – so wird nichts zerquetscht.

HOLZSANDWICH

SIE WOLLEN MEHREREN Holzwerkstücken dieselbe Form verleihen? So geht alles in einem Rutsch von der Hand.

Der Heißkleber lässt sich nicht lösen? Dann die Stelle mit etwas **KÄLTESPRAY** besprühen oder das Werkstück gut in Plastik einpacken und für eine Weile in die Gefriertruhe verbannen.

Wer beim Arbeiten mit Heißkleber eine **SILIKONMATTE UNTERLEGT**, kann alles, was danebengeht, am Ende ohne Probleme von der Unterlage abpellen.

UM WERKSTÜCKE GLEICHZEITIG zu formen, in Randnähe ein paar Tupfer Heißkleber setzen, kurz kühlen lassen und alle übereinander befestigen. Das „Holzsandwich" mit Säge oder Schleifgerät bearbeiten und dann per Spachtel wieder vorsichtig auseinanderhebeln – fertig sind die identischen Werkstücke. Übrigens: Beim Verleimen von Holz hilft auch Heißkleber. Er wird schnell fest und hält die Werkstücke ohne Schraubzwinge, bis der Leim trocknet.

HINTERHÄLTIGER HOLZSTAUB

Gesundheitsrisiken

Er ist so klein und flockig, aber der Holzstaub in Ihrer Werkstatt kann großen Schaden anrichten. Daher gilt er auch offiziell als Gefahrstoff. Er beeinträchtigt die Atemwege, was im Extremfall zu allergischem Bronchialasthma mit Luftnot führen kann. Außerdem können Hautreizungen auftreten.

Und am schlimmsten: Holzstaub, besonders der von Eiche oder Buche, kann beim Menschen Krebs erzeugen.

Bei Säge- und Schleifarbeiten ist also unbedingt eine Atemschutzmaske angesagt – besonders wenn Sie drinnen werkeln, wo der Staub sich nicht so leicht verflüchtigen kann wie draußen im Freien.

Achten Sie auf die jeweilige Schutzklasse: Empfehlenswerte Modelle tragen die Kennzeichnung FFP2 oder FFP3. Die Buchstaben stehen für „Filtering Face Piece" (engl.: Staubmaske). Praktisch sind Papiermasken mit eingebautem Ventil zum Ausatmen.

Beim Umgang mit Farben und Lacken, die Lösemittel enthalten, sind Masken mit Aktivkohlefilter die beste Wahl.

Brandgefahr

Im Falle eines Feuers kann der Holzstaub urplötzlich zum Brandbeschleuniger werden: Hochgewirbelter feiner Staub ist in Verbindung mit Luftsauerstoff durch einen einzigen Funken entzündbar, was zu einer Holzstaubexplosion führen kann, die den Brand rasend schnell ausbreitet.

Als Schutzmaßnahme empfiehlt es sich also, Schleifstaub und Sägemehl direkt am Gerät abzusaugen, umgehend zu entsorgen oder sofort einzusammeln und zur weiteren Benutzung, etwa zum Herstellen von Holzkitt, in einem geschlossenen Behälter aufzubewahren.

Arbeitsschutz

Wenn Sie mal keine Absaugvorrichtung verwenden: Beim Beseitigen von Holzstaub kein leichtfertiges Multitasking veranstalten. Die Sägespäne sollten Sie niemals nebenbei mit einer Hand entfernen, während Tischkreissäge oder ähnliche Geräte noch laufen. Erst ausschalten und dann mit Besen, Handfeger oder einem Lappen ans Werk gehen.

SCHLEIFGERÄTCHEN

DER EXZENTERSCHLEIFER bekommt ein kleines Brüderchen.

Sie besitzen eine **SCHALLZAHNBÜRSTE** mit länglichem Bürstenkopf? Falls die Rückseite ganz eben ist, einfach das Absäbeln der Borsten sparen und das Schleifpapier dort direkt draufkleben.

Wer noch behutsamer schleifen mag, klebt zwischen Bürstenkopf und Schleifpapier ein Stück **RADIERGUMMI.** Mehr Abfederung geht kaum noch!

VOM BADEZIMMER in die Werkstatt: Für den Kleinschliff wird ein Mini-Exzenterschleifer aus dem abgenutzten Bürstenkopf einer elektrischen Zahnbürste (oszillierend-rotierend) gebastelt. Hierfür die Borsten mit scharfem Messer oder Rasierklinge abschneiden und Borstenstümpfe mit einem Schleifgerät entfernen. Dann mit Heißkleber ein Stück Schleifpapier befestigen. Überstehendes Papier mit einer Schere trimmen. Fertig ist das süße Schleifgerätchen!

SOHLE GIBT GUMMI

SCHUHSOHLEN SIND nicht gerade dafür bekannt, etwas sauber zu machen – ganz im Gegenteil. Aber das wird sich nun ändern.

Keine alten Latschen parat? Gummireste zum Reinigen gibt's noch woanders: Auch die in einer Kartusche **EINGETROCKNETE SILIKONMASSE** lässt sich verwenden. Oder ein Kunststoffkorken.

Wem die Gummisohlenprozedur nicht ausreicht, der schnappt sich für einen **ZWEITEN SÄUBERUNGSDURCHGANG** eine weiche Drahtbürste.

SONST VERBREITEN SIE DRECK, hier machen sie ihn weg: Schuhsohlen. Nur aus Gummi müssen sie sein – Ledersohlen haben hier nichts zu suchen. Wer die Sohle von alten Turnschuhen, Gummistiefeln und Co. für einige Sekunden gegen laufende Schleifscheiben oder -bänder hält, befreit die Schleifkörner von Holzstaub, Harz und anderen Rückständen. Die Turnschuhsohle funktioniert dabei im Prinzip wie ein Radiergummi, der Bleistiftspuren wegrubbelt.

BANDSCHLEIFER AUF ABWEGEN

EIGENTLICH IST ER fürs Grobe da, aber wenn's sein muss, kann der Bandschleifer auch etwas mehr Feingefühl zeigen.

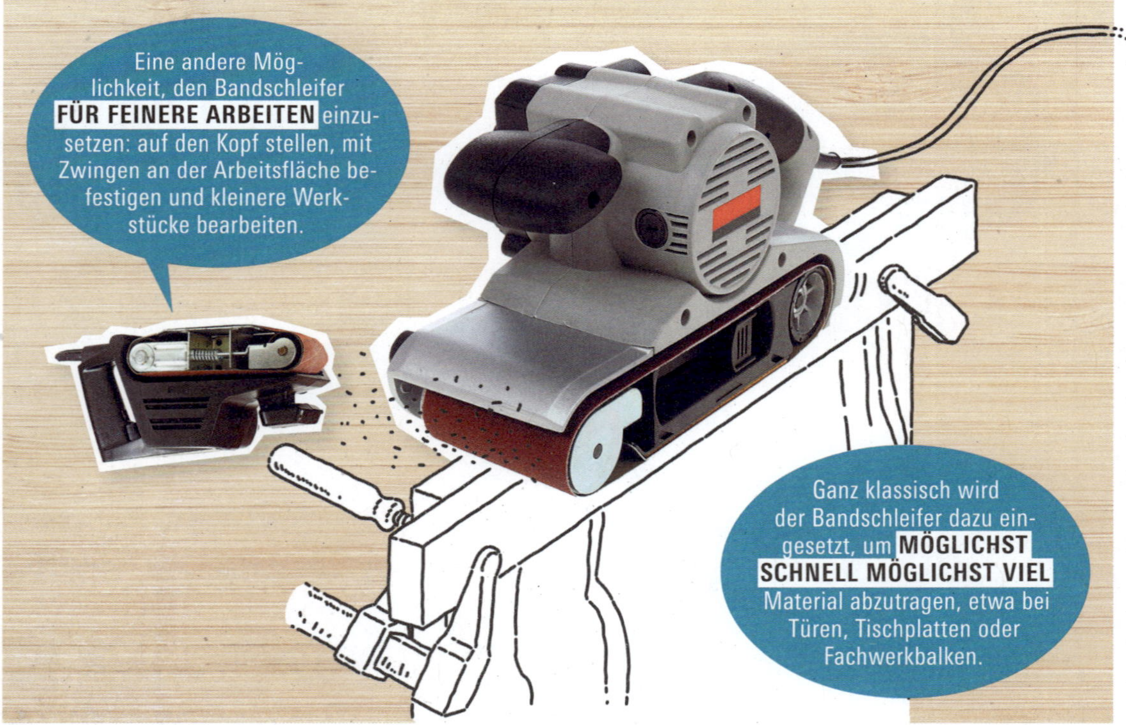

WENN SIE ZUM ABSCHLEIFEN einer schmalen Kante gerade nur einen Bandschleifer zur Hand haben, kann dieser ganz hervorragende Dienste leisten. Damit der Schleifer dabei aber nicht so leicht abrutscht und ungewollt die Kanten abrundet, klemmen Sie am besten mit zwei Zwingen auf gleicher Höhe abschließend ein Brett direkt daneben. So hat das Gerät mehr Fläche, auf der es stabiler aufliegen kann. Dadurch haben Sie es bei der Arbeit viel besser im Griff.

TISCHSÄGENFEINSCHLIFF

EIN WACKELSTUHL kommt auf den Tisch, um flink zurechtgestutzt zu werden.

UM DIE BEINE DES STUHLS wieder auf dieselbe Länge zu bringen, den Stuhl auf die Tischsäge stellen und testen, welche die kurzen, welche die langen Beine sind. Dann die Höhe des Sägeblatts so einstellen, dass es nur ca. 0,5 mm herausschaut. Die zu langen Stuhlbeine im rechten Winkel über das rotierende Sägeblatt schieben. Nach den einzelnen Schnitten immer wieder kippeln, um zu probieren, ob die Balance zwischen den Beinen schon hergestellt ist.

GRANDIOS GESCHLIFFEN

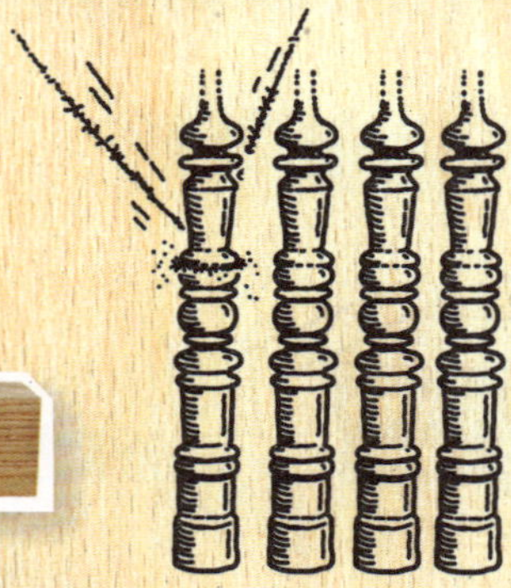

Für das Schleifen von Rillen
an gedrechselten Stäben, etwa bei Stühlen oder Treppengeländern, am besten eine **grobe Kordel** um die Vertiefung wickeln, überkreuzen und dann hin- und herziehen.

Vor dem finalen Feinschliff
mit einem **feuchten Schwamm** übers Holz gehen. Durch die Feuchtigkeit stellen sich übrig gebliebene Fasern auf. Kurz trocknen lassen und dann eine letzte Schleifrunde einläuten.

Um beim Bearbeiten großer Holzflächen den Überblick zu behalten,
wo man schon geschliffen hat, vorher mit Bleistift oder Kreide **drüberkrakeln.** Je feiner die Körnung, desto blasser und vorsichtiger das Holz markieren.

Immer in Faserrichtung schleifen.
Falls Kratzer entstehen sollten, sind sie schwerer zu sehen, weil sie **parallel zur Faser** verlaufen.

Das Schleifpapier geht beim Bearbeiten schmaler Holzritzen so schnell kaputt?

Die Rückseite mit Gewebeband verstärken und den Streifen abschneiden – und schon kann der **robuste Schleifriemen** in die Ritzen eines Gartentischs abtauchen, ohne dass er reißt.

Beim Drechseln lässt sich das Werkstück

abschließend anstatt mit feinem Schleifpapier auch mit einer Handvoll **Sägespäne polieren,** die man gegen die rotierende Oberfläche presst.

Das Schleifpapier hält besser auf dem Schleifklotz,

wenn man eine Daumenbreite vom Rand entfernt eine Rille hineinsägt, in die das **Papier eingeklemmt** werden kann.

Da beim Schleifen einiges vibriert und in Bewegung gerät,

das Werkstück festklemmen oder auf eine rutschfeste Gummimatte legen. Auf diese Weise wird die Unterseite auch vor dem **Verkratzen geschützt.**

QUARANTÄNEKISTE

WENN IHNEN DIE STAUBWOLKEN, die Sie beim Schleifen produzieren, kriminelle Hustenanfälle bescheren, dann riegeln Sie den Tatort doch ordentlich ab.

Ein **DELUXE-MODELL** lässt sich aus einer großen durchsichtigen Aufbewahrungsbox basteln. Allerdings verursacht das Schneiden der Löcher für die Hände dann mehr Aufwand.

Wenn Sie die Handschuhe vorne komplett abschneiden, können Sie Ihre **HÄNDE BESSER BEWEGEN.** Bleiben die Handschuhe ganz, ist die Box besser versiegelt.

IN DIE KARTONSEITE zwei Löcher von ca. 10 cm schneiden – auf einen bequemen Abstand für Ihre Arme achten! Den Saum von Gummi- oder Arbeitshandschuhen an den Rändern festkleben. Akku-Schleifgerät und Werkstück in die Box legen und die Öffnung oben mit Frischhaltefolie zukleben oder mit Plexiglas abdecken. Jetzt mit den Händen durch die Löcher schlüpfen und in der Staubquarantänezone an die Schleifarbeit gehen, ohne dass alles einstaubt.

SCHLEIFBLOCK FÜR ZIERPROFILE

1. Schleifpapier mit gekörnter Seite nach oben auf ein Reststück des abzuschleifenden Zierprofils kleben. Damit das Papier auch fest in den Rillen sitzt, mit einem Spachtel nachhelfen.

2. Mit einem Stück Hartschaum – ein Material, das sonst vor allem als Dämmstoff benutzt wird – über das Schleifpapier reiben.

3. Durch das Reiben überträgt sich die Form des Zierprofils auf den Hartschaumklotz.

4. Zuletzt ein Stück Schleifpapier auf die frisch geformte Seite des Hartschaumklotzes kleben und damit formvollendet das Zielprofil der Deckenleiste oder des Möbelstücks abschleifen.

SCHÖN SCHARF

MIT STUMPFEN WERKZEUGEN in den Händen vergeht einem jeglicher Spaß. Schlimmer noch: Die Werkstücke werden demoliert. So bringen Sie Ihre Klingen zum Blitzen.

VÖLLIG ABGESTUMPFT? Beim Cutter hinten den Schutzclip abziehen, den Schlitz des Clips aufs Messer stecken und die Klinge abbrechen, damit die nächste frisch ans Werk gehen kann. Zum Schärfen einer Schere Alufolie dick zusammenfalten und mehrmals hineinschneiden. Messer schärfen klappt am rauen Bodenring eines Tellers: 6–8 Mal abziehen. Oder: einen Streifen Schleifpapier ans Bohrmaschinenfutter kleben, anschalten und so die Klinge schärfen.

LEBENSVERLÄNGERNDE FALTKUNST

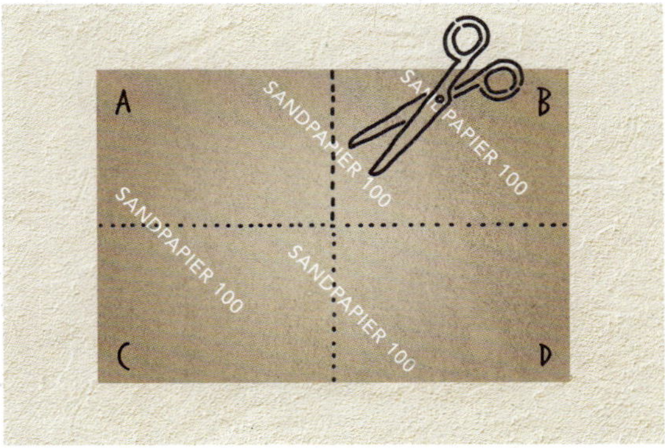

1. Das Ziel: Den Bogen handlich falten, ohne dass gekörnte Flächen gegeneinander reiben und sich abnutzen. Zwei Mal mittig falten, dann eine Falz bis zum Mittelpunkt einschneiden.

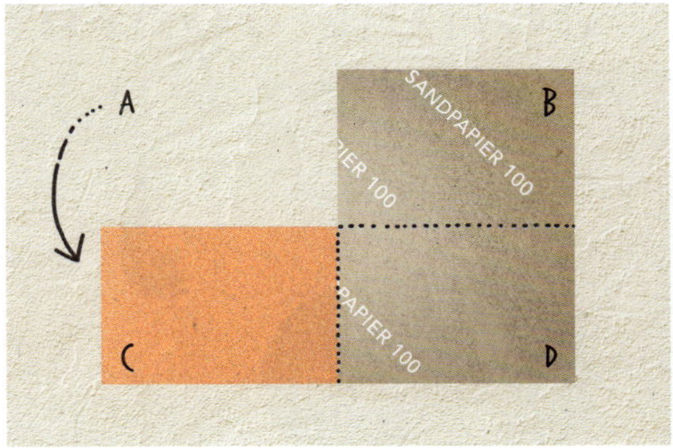

2. Viertel A auf Viertel C klappen.

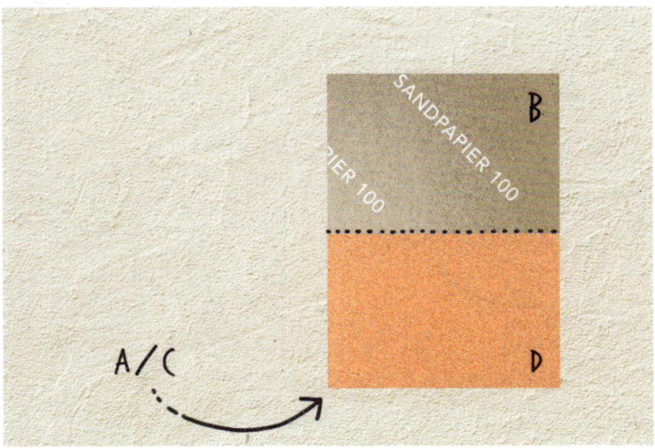

3. Dann A/C auf Viertel D umschlagen.

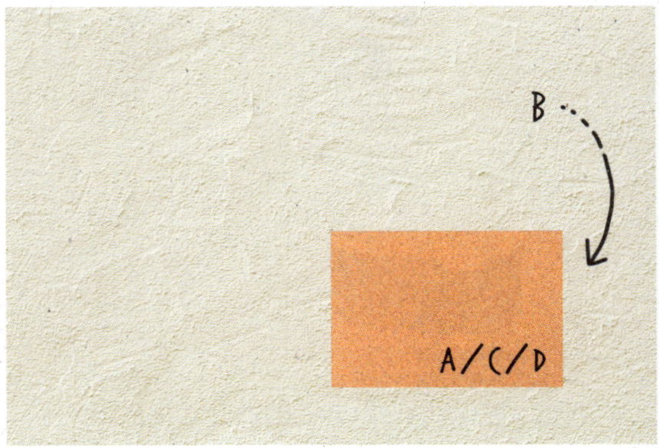

4. Viertel B auf A/C/D klappen. Sind die Außenseiten abgenutzt, auseinanderfalten und mit B beginnend nach dem gleichen Prinzip falten, damit die beiden frischen Seiten außen sind.

DREI TIPPS FÜRS WERKELN MIT DER OBERFRÄSE

1 Erst an, dann ran

Ganz grundsätzlich: Immer zunächst einmal das Gerät anschalten, sodass der Fräskopf rotiert – und erst dann das Werkzeug ran ans Material führen.

Wer andersherum vorgeht, also den Fräskopf zuerst am Material ansetzt, bevor er den Motor anschmeißt, verschandelt damit nur das Werkstück.

Umgekehrt gilt natürlich entsprechend für das Ende des Fräsvorgangs: Erst mit dem Fräskopf vom Werkstück weggehen und dann ausschalten.

2 Eile mit Weile

Wer mit wenig Geduld beim Fräsen an die Sache geht und zu viel Material auf einmal vom Werkstück „wegfressen" will, für den wird das Ergebnis seiner Arbeit oft schwer verdaulich sein.

Wird der Fräskopf z. B. allzu tief versenkt, neigt man dazu, zu viel Druck auszuüben, was dann zur Folge hat, dass man eher die Kontrolle verliert. Zudem wird der Fräser auf diese Weise schneller abgenutzt.

Zügeln Sie also Ihren Appetit! Seien Sie kein gieriger Vielfraß, sondern erledigen Sie Ihr Fräswerk auf mehrere Arbeitsgänge verteilt.

3 Nie mehr Holz-BBQ

Beim Fräsen bleiben immer wieder unansehnliche Brandspuren auf Ihren Werkstücken zurück? Das kann verschiedene Gründe haben:

Prüfen Sie zunächst Ihren Fräskopf: Stumpfe Fräsköpfe neigen dazu, mit Ihrem Holz gerne mal ein kleines BBQ zu veranstalten. Also: regelmäßig nachschärfen!

Außerdem sollten Sie auf eine angemessene Schnittgeschwindigkeit achten: Je höher diese ist, desto weniger anfällig ist das Holz fürs Anschmoren.

Ebenso wichtig ist der „Flow" Ihrer Bewegung, damit es nicht plötzlich zu heiß hergeht: Wer das Gerät mit gleichmäßig fließendem Schwung führt, kann auf ein makelloses Endergebnis zählen. Wer jedoch zwischendrin hier und da mal zögert oder sogar kurz eine Verschnaufpause macht, fordert geradezu heraus, dass es zu einer unfeinen Röstung auf der Holzoberfläche kommt.

Zu guter Letzt: Halten Sie den Fräskopf sauber, z. B. mit Backofenspray. Wenn sich ein Harzbelag auf ihm gebildet hat, kann auch dies dazu führen, dass die Holzoberfläche versengt wird.

FABELHAFT FRÄSEN

Feinarbeit

Die Nut ist ein klitzekleines bisschen zu eng geraten? Wenn Sie wirklich nur um Haaresbreite danebenliegen, könnte es sein, dass es Ihnen in den Fingern juckt: Sie wollen die Schraubzwinge lösen, um den Führungsanschlag komplett neu einzustellen.

Lieber nicht! Dabei könnten Sie am Ende mehr verstellen als zurechtrücken. Probieren Sie stattdessen lieber diesen Trick aus:

Nut präzise vergrößern

Um die Nut allmählich und präzise zu vergrößern, ist es besser, am Anschlag einen Klebebandstreifen anzubringen. So bleibt der Anschlag garantiert parallel, während der Abstand ganz minimal verändert wird. Bei Bedarf einfach noch weitere Streifen dazukleben, um sich allmählich an die gewünschte Breite heranzutasten.

Alternativ können Sie das Band nicht nur am Führungsanschlag ankleben, sondern auch an der Grundplatte der Fräse – aber aufpassen, dass sich das Ende nicht löst und unter die Platte gerät.

Schrittweise Löcher vergrößern

Wenn Sie ein Loch bohren möchten, dessen Größe den Durchmesser Ihres größten Forstnerbohrers überschreitet, können Sie dies mithilfe der Oberfräse zustande bringen.

Benutzen Sie zunächst einmal Ihren größten Forstnerbohrer, um ein ausbaufähiges Starterloch zu bohren. Dann kommt die Oberfräse zum Einsatz: Bestücken Sie sie mit einem Falzfräser und schneiden Sie damit eine treppenförmige Aussparung ins Loch. Der Anlaufring des Falzfräsers fährt dabei an der Kante des ursprünglichen Loches entlang. Anschließend wechseln Sie den Fräskopf: Mit einem Bündigfräser gilt es nun, die zuvor entstandene treppenförmige Aussparung wieder zu entfernen, sodass ein vergrößertes Loch entsteht. Nun wechseln Sie zum Falzfräser zurück, um erneut eine Stufe ins Loch zu schneiden. Dann ist wieder der Bündigfräser dran, um diese Stufe ebenfalls zu entfernen. Wiederholen Sie die beiden Arbeitsschritte also einfach so lange, bis das Loch die gewünschte Größe erreicht hat.

PASST NICHT? GIBT'S NICHT!

Lückenfüller

Der Gabelschraubenschlüssel ist zu groß bzw. Sie haben den passenden gerade verschlampt?

Macht nichts, da können Sie auf einige praktische Lückenfüller zurückgreifen – und zwar aus Ihrem Geldbeutel, des Sparschweins Ihrer Kinder oder den Tiefen Ihrer Sofaritzen! Schnappen Sie sich ein paar Cent oder Euro, klemmen Sie so viele Münzen wie nötig zwischen Schlüssel und Schraubenkopf bzw. Mutter – und schon findet der Schlüssel Halt und kann die Schraube fix davon überzeugen, sich mal locker zu machen.

Anstelle von Münzgeld lassen sich ebenso Unterlegscheiben zum Auspolstern benutzen. Auch ein Schlitzschraubendreher kann mit anpacken: Einfach die Klingenspitze senkrecht von oben oder von der Seite in die Lücke stecken.

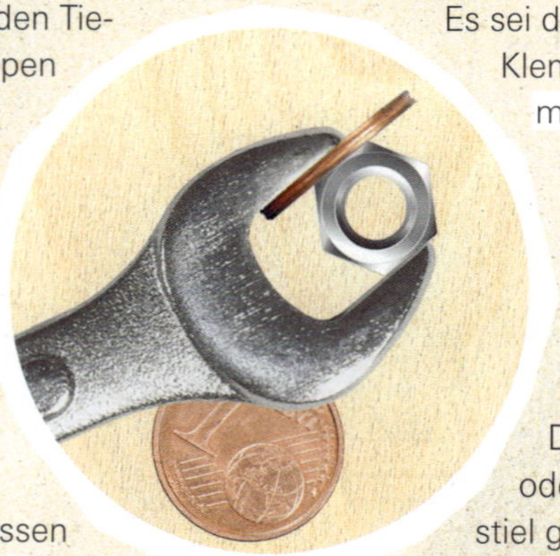

Schraubendreherhebel

Die Schraube will nicht tiefer? Stecken Sie eine Stange durch das Loch am Schraubendrehergriff und nutzen Sie die Hebelwirkung.

Schwerkraftbändiger

Sie wollen mit einem Steckschlüssel über Kopf arbeiten und dabei eine Hand frei behalten? Sobald Sie den Bolzen in die Stecknuss platzieren, wird er sehr bald der Schwerkraft gehorchen und wieder herausfallen, weil er nicht genügend Halt findet.

Es sei denn, Sie tun Folgendes: Klemmen Sie ein breites Gummiband oder ein Stück Papier zwischen Stecknuss und Bolzen. Dadurch wird der Bolzen darin sicher verkeilt.

Hammerheiler

Der Hammerkopf wackelt oder hat sich schon vom Holzstiel gelöst?

Damit sich das Metall nicht selbstständig macht und zum gefährlichen Geschoss wird, am besten von oben mittig einen oder mehrere Nägel in den Stiel hauen. Auf diese Weise wird das Holz auseinandergespreizt.

Wer ganz sichergehen will, dass der Kopf langfristig hält, schlägt den Nagel nur zur Hälfte hinein und biegt ihn dann seitlich nach unten um.

ERSTE HILFE FÜRS HOLZ

Wenn's Ihrem Holz nicht gut geht, lässt es sich in den meisten Fällen schnell abhelfen.

Feines Sägemehl vom Werkstück, verrührt mit Holzleim, ergibt Holzkitt zum Ausbessern von Löchern und Rissen. Einfach füllen, trocknen lassen und zuletzt abschleifen. Funktioniert am besten bei kleinen Fehlerkorrekturen, sonst wird der Farbunterschied allzu offensichtlich.

Manche Makel sind auf den ersten Blick schwer zu erkennen. Um sicherzugehen, dass man nichts übersieht, einfach eine helle Lampe von der Seite her knapp übers Werkstück halten. Auf diese Weise werfen die kleinsten Fehler die größten Schatten.

Tiefe Risse im Holz reparieren?
Etwas Holzleim auf ein Stück ungewachste Zahnseide geben und die Seide hin und her durch den Riss ziehen, damit sich der Leim gut verteilt. Ist der Riss gefüllt, mit Schraubzwingen fixieren und trocknen lassen.

Schrammen von Hammer, Schraubendreher oder Pfennigabsätzen?
Feuchtes Baumwoll- oder Leinentuch über die Stelle legen und für 10–15 Sekunden mit dem Bügeleisen darüberfahren. Bei Bedarf mehrmals wiederholen. Durch den heißen Wasserdampf richten sich die Holzfasern wieder etwas auf. Achtung: Nicht bei Furnieren anwenden – sonst kann sich das Holzblatt lösen!

Wenn Kerzenwachs aufs Holz getropft ist, mit einem Eisakku oder Eiswürfeln in einer Plastiktüte kühlen und dann mit einer Plastikgeschenkkarte oder ähnlichem wegkratzen.

Wenn Sie sich die Fasern des Holzes

als ein Bündel Bleistifte oder Strohhalme vorstellen, dann schauen Sie beim Hirnholz quasi direkt auf die Spitzen.

HIRNHOLZ

Bei Hirnholz, auch Stirnholz oder Kopfholz genannt, handelt es sich um quer zur Faser geschnittenes Holz – beim Baum blickt man also frontal auf die Jahresringe. Schraub- und Nagelverbindungen mit Hirnholz gilt es, falls möglich, zu vermeiden, da diese sehr instabil sind.

Lässt sich eine Verbindung mit Schrauben zu einem schmalen Hirnholz nicht vermeiden, sollten die Schrauben zumindest so lang wie möglich sein. Falls dies allein nicht genügt und sie trotzdem ausreißen, kann man die Verbindung mit etwas mehr Aufwand trotzdem noch stabil gestalten. Hierfür muss quer zur Faserrichtung ein Holzdübel eingeleimt werden, damit die Schrauben durch ihn hindurchgedreht ausreichend Halt finden können.

Nagelverbindungen in Hirnholz halten ebenso nur bedingt. Am sichersten ist es, die Nägel abwechselnd nach beiden Seiten leicht schräg und versetzt in die Oberfläche zu schlagen.

Vor dem Hobeln von Hirnholz unbedingt erst die Kanten anfasen – sonst reißt das Holz allzu leicht aus, weil es dort keine umstehenden Fasern gibt, die es zusammenhalten. Gehobelt wird am besten immer nur von den Außenkanten bis zur Mitte. Wer ein Stück Opferholz bündig an die Kanten spannt, schützt den empfindlichen Randbereich.

Aus Hirnholz werden unter anderen Parkettböden und sehr widerstandsfähige Schneidebretter hergestellt, die außerdem noch sehr schicke Hingucker sind. Da die Holzfasern beim Schneidebrett parallel zur Schnittrichtung stehen, können sie vom Messer nicht durchgetrennt, sondern nur untereinander geteilt werden. Diese geteilten Fasern schließen sich aber nach einer Weile wieder. Um das Brett aufzufrischen und zu schützen, öfter mit Lein- oder Kokosnussöl einreiben.

Da das Ende von Holzstühlen, Holztischen und Holzzaunpfählen meist aus Hirnholz besteht, sollten diese Stellen besonders gut versiegelt werden, gerade wenn die Möbel draußen im Garten und auf der Terrasse verwendet werden. An den Enden beginnt das Holz oft zuerst zu reißen.

Der Grund: Die Feuchtigkeit dringt hier leichter ein als bei Längsholz. Es regnet quasi in das Bündel Strohhalmen von oben hinein, wenn diese offen und den Witterungsverhältnissen ausgesetzt sind.

Im Handel wird daher spezielle Hirnholzversiegelung für Anstriche im Freien angeboten.

2
Tüdelü!
Rolf
KERNSEIFE

SUPEREASY

Unordnung ist das halbe Leben – und diese Hälfte findet oft im Bastelkeller statt. Da kommt schon mal das innere Rumpelstilzchen zu Besuch, das alles in einen Saustall verwandelt. Oder Kollege Schmutzfink, der Sie überall hin verfolgt. Alles halb so wild! Mit diesen Supertricks bändigen Sie die beiden Chaoten ganz easy.

KABELKONTROLLE

WENN DIE KABEL Ihrer Elektrogeräte Ihnen immer wieder in die Quere kommen, muss man ihnen etwas Benehmen beibringen.

ÜBER EIN KABEL ZU STOLPERN, ist ärgerlich. In ein Kabel aus Versehen reinzuschneiden, ist eine echte Katastrophe. Um Ihr Kabel zu bändigen, stecken Sie es durch ein oder zwei Karabinerhaken und klemmen Sie diese an den Gürtelschlaufen Ihrer Hose fest. Achtung: Nicht vergessen, die Haken zu entfernen, wenn Sie von der Werkbank wegtreten! Oder Sie leiten das Kabel über eine mit zwei S-Haken ausgestattete Zugfeder an der Decke um.

MUFFIN-ORGANIZER

EIN KÜCHENGERÄT wird in die Werkstatt entführt, um endlich mal Ordnung zu schaffen.

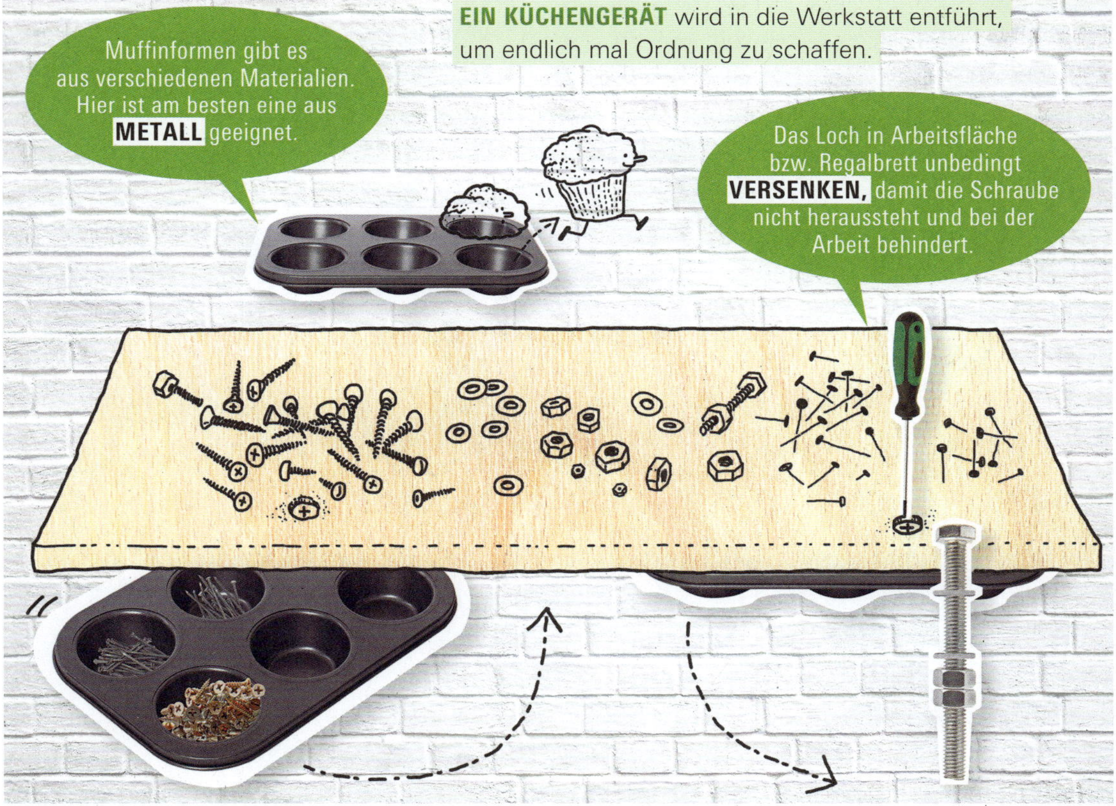

EINE 6ER-MUFFINFORM dient als Organizer für Kleinkram wie Schrauben, Nägel und Dübel. Zunächst am Rand der Muffinform und des Regalbretts jeweils ein Loch bohren, sodass der Rand der Muffinform und die Kante des Bretts miteinander abschließen. Mit einer Sechskantschraube die Form am Brett befestigen – dabei Unterlegscheiben über und unter der Form platzieren. Nun von unten zwei Muttern auf die Schraube drehen und gegeneinander fixieren.

JEANSGURT

DIE JEANS kehrt zu ihren Ursprüngen als Arbeiterhose zurück und packt bei der Heimwerkerei kräftig mit an.

Entweder Sie schneiden ganz eng um die Taschen herum oder Sie lassen das Hinterteil komplett dran, sodass es eher wie eine **SCHÜRZE** aussieht.

Bei aller Bequemlichkeit: **SICHERHEIT GEHT VOR!** Siehe S. 57. Wer so wie hier auf Leitern ohne Bügel ganz oben balanciert, riskiert Leib und Leben!

WER WILL SCHON DAUERND auf hohe Leitern klettern und gleich wieder heruntersteigen müssen? Oder, wenn man draußen im Freien zu tun hat, für jede Kleinigkeit zurück in die Werkstatt gehen? Schneidern Sie sich aus einer alten Jeans einen praktischen Gurt zurecht! Bund und Backentaschen bleiben, der Rest kann ab. Dann umschnallen, Knopf zu und die Taschen nach vorne drehen. Schon ist der Werkzeuggurt aus robustem Denim-Stoff einsatzbereit.

KLAMMERSTIFT

STIFTE KOMMEN UND GEHEN, aber dieser hier ist einer von der anhänglichen Sorte.

RENNEN SIE DAUERND durch die Gegend, um Stiften hinterherzujagen, die sich ohnehin für immer ins Bermudadreieck Ihrer Werkstatt verabschiedet haben? Schluss damit! Die Lösung: Eine Wäscheklammer auseinandernehmen, sodass eine Holzhälfte plus Feder übrig bleibt. Dann eine Kerbe in den hinteren Teil eines Zimmermannsbleistifts ritzen. Den Metallbügel in die Kerbe pfriemeln – schon sind Sie Besitzer eines ganz besonders treuen Klammerstifts.

NIE MEHR MESSIE

Kordeln und Schnüre

lassen sich praktisch und **abschneidebereit** in einem Trichter unterbringen. Geht auch: den Boden einer Plastikflasche abschneiden und umgekehrt aufhängen.

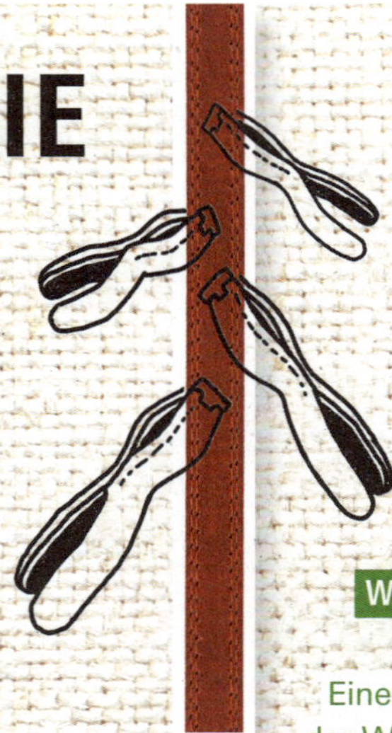

Wohin mit den ganzen Federklemmen?

Einen **alten Ledergürtel** in der Werkstatt aufhängen und einfach dran befestigen.

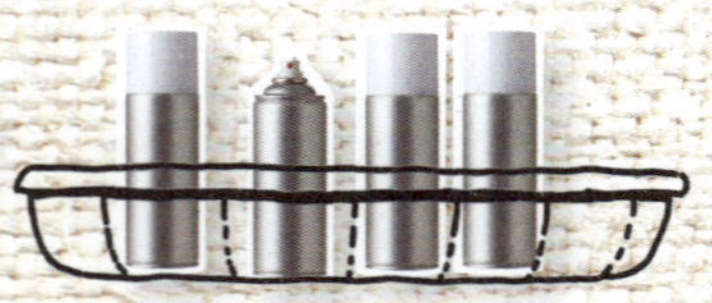

Immer griffbereite Spraydosen

warten auf Sie, wenn Sie die **Blumenkästen** nicht ans Fenster, sondern übereinander an die Werkstattwand hängen. Geht ebenso: **Regenrinnen.**

Schraubgläser für Kleinkram

lassen sich platzsparend an einem **Magnetstreifen** oder mit Schrauben befestigt unter Regalbrettern anbringen.

Wer eine alte Harke an einem Lochbrett befestigt,

kann seine **Schraubenschlüssel** locker abhängen lassen.

Wer in große Plastikflaschen

vorne ein Loch reinschneidet und am Deckel einen **Schraubhaken** anbringt, kann sie reihenweise als hängende Schrauben- und Nägel-Organizer einsetzen.

Wer beim Zusammen- und Auseinanderbauen

die Übersicht behalten will, steckt die Kleinteile in ein **Stück Schaumstoff** oder Pappe. Am besten auch notieren, wo die Schrauben herkamen und in welcher Reihenfolge sie ausgebaut wurden.

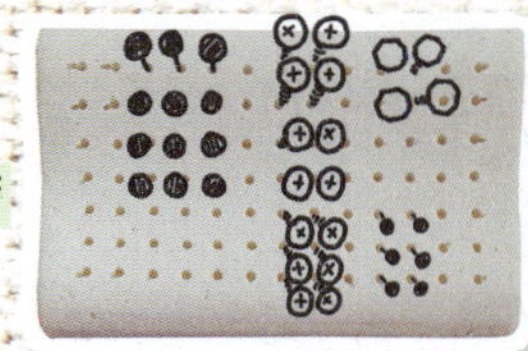

Das alte Ungetüm von Aktenschrank soll zum Sperrmüll?

Lieber **Schubladen raus,** in der Werkstatt umkippen und mit Werkzeugen bestücken.

Der Halter der Heißklebepistole

ist kaputt? Am besten schnell eine große **Papierklemme** benutzen. Achtung: Nicht die Finger verbrennen! Der Metallbügel wird richtig heiß.

SCHNITTIG VON DER ROLLE

SO KÖNNEN SIE beim Abschneiden von Schleifpapier auf Cutter und Schere verzichten.

Um an der Werkbank schnell Schleifpapier teilen zu können, schraubt man sich ein **SÄGEBLATT** auf ein Brett. Wer oft eine bestimmte Größe benutzt, markiert das auf dem Holz.

Das Sägeblatt lässt sich auch direkt oben auf der Kante der Box befestigen – so wie man es von **KLEBEBANDSPENDERN** aus dem Büro kennt.

METERWEISE SCHLEIFPAPIER auf Vorrat gekauft? Verpassen Sie Ihrer Kiste, in der die Rollen lagern, ein nützliches Upgrade. Dafür einfach ein Handsägeblatt nehmen – muss nicht mehr das allerschärfste sein – und auf die vordere Außenseite der Box schrauben. Die scharfe Seite muss nach unten zeigen. Nun das Papier darunter einfädeln und je nach Bedarf ein Papierstück der passenden Größe ratzfatz abreißen. Der praktische Schleifpapierspender!

ORDENTLICH ABHÄNGEN

LAUTER LÖCHER, noch und nöcher. Steckwände sind extrem nützliche Organizer.

Mit ein paar Vierkanthölzern, Steckwänden und Rollen lässt sich ein mobiler **WERKZEUG-CADDY** bauen, den man überall schnell hinschieben kann, wo gewerkelt wird.

Nicht nur für die Wände: Wer Steckwandstücke **AUSSEN AN KISTEN** anbringt, erweitert mit diesem Upgrade ihren Stauraum.

STECKWÄNDE, auch Pegboards oder Lochplatten genannt, kann man nie genug haben. Mit Haken und Drahtkörben lassen sich Werkzeuge, Töpfe, Schmuck, Blumentöpfe oder Bastelbedarf befestigen, immer griffbereit und dekorativ zugleich. Wer sie als Boden in große Schubladen legt, kann zwischen senkrecht hineingesteckten Rundhölzern seine Teller stapeln. Oder man bringt sie an Schrankinnenwand oder Schranktür an. So viele Möglichkeiten!

ZAHLEN ANMALEN

VOM ENTZIFFERN der winzigen Markierungen auf Werkzeugen tränen Ihre armen Augen schon? So werden die kleinen Ziffern besser lesbar.

Wenn nur einige wenige Markierungen **KONTRASTREICHER** hervorgehoben werden sollen, kann man sie auch direkt mit einem dünnen Permanentmarker nachziehen.

Netter **NEBENEFFEKT:** Wenn Sie mal mit Freunden zusammen an Projekten werkeln sollten, erkennen Sie auf einen Blick, welche Werkzeuge Ihnen gehören.

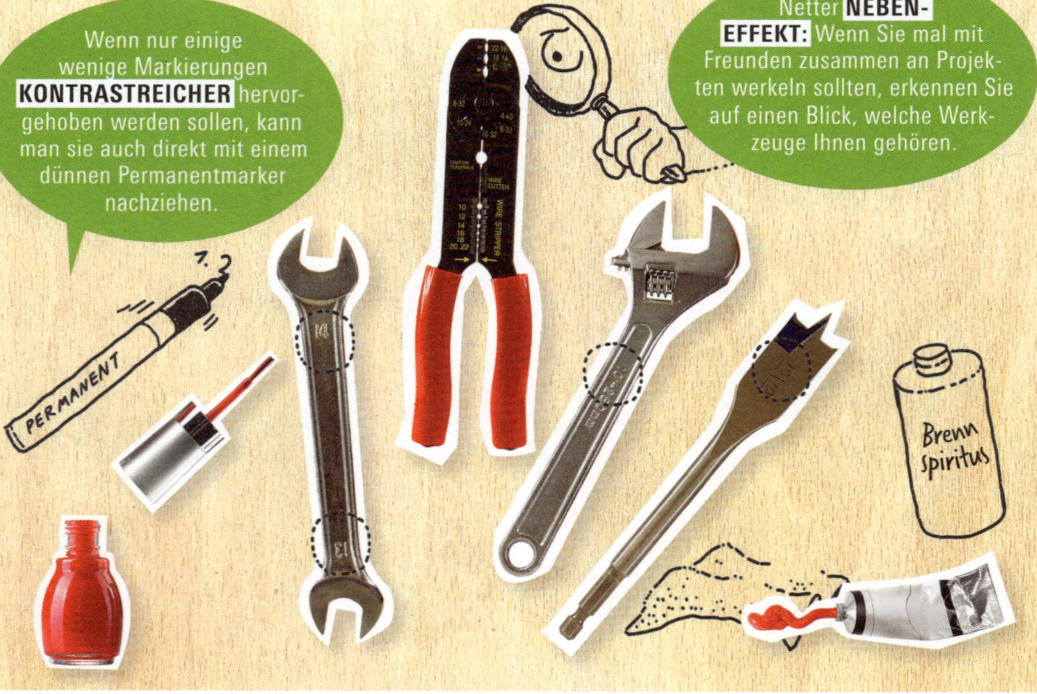

VIELE MASSEINHEITEN und Größenangaben auf Werkzeugen sind nur eingestanzt, sodass man ganz schön blinzeln muss, um sie irgendwie erkennen zu können. Die Lösung: Bei Plastikoberflächen einfach mit weißer Acryl- oder Latexfarbe drüberstreichen und gleich danach mit einem Tuch wieder abwischen. Nicht zu fest reiben. Auf Metalloberflächen ein wenig Nagellack draufpinseln, antrocknen lassen und mit Brennspiritus rundherum säubern.

ALWAYS ON

HEIMWERKEN und für alle erreichbar sein? Wenn's denn sein muss. So kommt das geliebte Smartphone dabei nicht zu Schaden.

HEIMWERKEN IST MEDITATIV, zumindest für manche. Alle anderen, die nicht komplett abschalten können oder wollen, sollten eine kleine Vorarbeit nicht vergessen: den teuren Taschencomputer in einen Plastikbeutel packen! Da ist das Handy vor dreckigen Heimwerkerhänden geschützt und der Touchscreen funktioniert auch weiterhin. Nachrichten schreiben ist also kein Problem, aber wer kein Bluetooth hat, muss aufs Telefonieren verzichten.

Warum viel Geld bezahlen?

Lieber in den Baumarkt fahren und den Lattenrost selbst zusammenbauen. Dazu den QR-Code einfach per App einscannen und das Tutorialvideo zum Bau im Netz anschauen.

DER 35-EURO-LATTENROST

Baumarkt-Shopping-Liste:

- 3 Latten aus Fichten- oder Tannenholz, gehobelt und gefast (34 x 54 x 2 000 mm)
- 7 Glattkantbretter aus Fichten- oder Tannenholz, gehobelt und gefast (18 x 80 x 2 000 mm)
- 32 Holzdübel (8 x 40 mm)
- 4 Holzdübel (10 x 40 mm)
- 4 Holzschrauben mit Senkkopf (5 x 80 mm)

Bauzeit: 4 – 5 Stunden

Benötigte Werkzeuge:

- Bohrmaschine plus Holzbohrer mit 4, 8, 10 und 12 mm
- Akkuschrauber
- Stichsäge mit Holzblatt (oder Handsäge)
- Gummihammer
- Holzleim
- Außerdem: Schleifpapier mit 80er-Körnung, Zollstock, Winkel, Lineal, Bleistift

1. Zwei Rahmenhölzer um 2 cm kürzen.

2. Vom dritten Rahmenholz zwei Stücke der Länge 78,7 cm ablängen. Sägekanten abschleifen.

3. Eckverbindungen des Rahmens mit Holzdübeln und Schrauben herstellen. Dafür an Stirnseite der beiden kurzen Rahmenhölzer jeweils 18 mm von Außenkante entfernt Bohrlöcher markieren. Loch für Schraube vorbohren. Dübelloch mit dem 10-mm-Bohrer 20 mm tief bohren.

4. Dübellöcher und 4-mm-Löcher für Schraube in lange Rahmenteile bohren.

5. Rahmen zusammenbauen: Dübel mit Holzleim in Löchern verkleben. Schrauben anbringen.

6. Von den sieben Glattkantbrettern die 88 cm langen Latten ablängen – 14 Stück werden benötigt. Sägekanten mit Schleifpapier brechen. Latten an beiden Enden mit einem Loch versehen.

7. Latten an beiden Enden mit 12-mm-Loch versehen: mittig, 2 cm vom Rand entfernt.

8. 14 Latten gleichmäßig auf dem Rahmen verteilen. Der Abstand von der Außenkante des Rahmens bis zur ersten Latte beträgt 4 cm – Latte an Markierung anlegen und Position auf anderer Seite anzeichnen. Bohrlöcher für Holzdübel markieren.

9. Position der Latten markieren: Der Abstand zwischen ihnen sollte 6 cm betragen.

10. Dübellöcher mit 2,2 – 2,3 cm Tiefe bohren.

11. Dübel mit Holzleim in Löchern verkleben.

12. Latten auflegen.

Dank der Dübel lassen sich die Latten leicht austauschen. Durch die schwimmende Fixierung können die Latten etwas besser nachgeben als bei einer Schraubbefestigung.

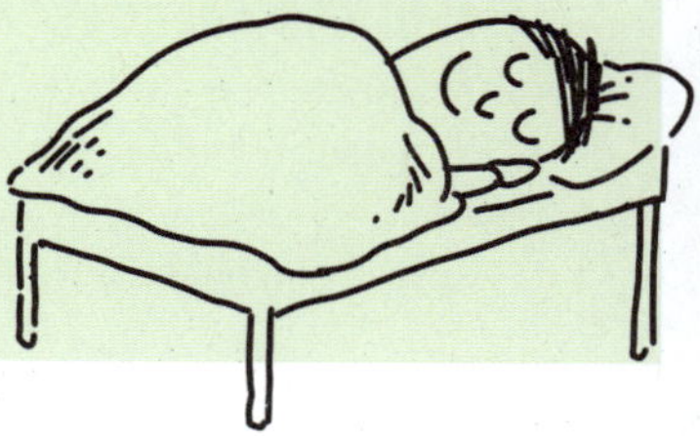

AB MIT DEM LACK

IHR ABBEIZER soll intensiver einwirken, damit die Farbschichten sich leichter entfernen lassen? Dann halten Sie ihn schön frisch.

Die Holzfasern stellen sich bei dieser Prozedur auf. Wenn alles entfernt ist, das Holz unbedingt mit **SCHLEIFPAPIER** wieder glätten.

Wenn das ganze Gematsche Überhand nimmt, einfach etwas **KATZENSTREU** darüberrieseln lassen. Dann lassen sich die Überreste wegbürsten oder auch mit dem Staubsauger entfernen.

SOBALD SIE DEN ABBEIZER mit einem Pinsel dick auf alle Flächen aufgetragen haben, wickeln Sie Frischhaltefolie oder einen Müllsack möglichst eng um Ihr Möbelstück. So kann das Mittel seine volle Kraft entfalten, weil es nicht allzu schnell an der Luft trocknet. Zum Entfernen einen Spachtel verwenden. Probleme, in die kleinsten Ritzen und Rillen zu kommen? Dann greifen Sie am besten zu einer Messingbürste und arbeiten damit längs zur Maserung.

WEG MIT DEM HOLZWURM

SCHÄDLINGE BEKÄMPFEN, indem man so tut, als ob Verpackungskünstler Christo sein Comeback vorm Haus feiert – so geht's.

STECKT DER WURM in Ihren Holzmöbeln? Wer ohne Chemiekeule etwas dagegen tun will, greift im Hochsommer zu schwarzer Folie. Die Möbelstücke möglichst luftdicht darin einpacken und für drei Stunden nach draußen in die pralle Sonne stellen. Holzwürmer sterben ab 55 °C ab. Achtung: Danach die Möbel über Nacht unter der Plane abkühlen lassen, sonst können durch einen plötzlichen, enormen Temperaturwechsel Spannungsrisse entstehen.

WEGROLLSPERRE

DIE ANGEKNACKSTE Kaffeetasse will während der Reparatur flüchten? So wird die rollende Kleinkeramik sicher geparkt.

UM DEN ABGEBROCHENEN HENKEL einer Tasse wieder anzukleben, muss der Bewegungsdrang der Tasse ausgebremst werden. Hierfür einen kleinen Behälter mit feinem Sand füllen, eine Mulde formen und den unversehrten Teil der Tasse darin einbetten. Wer die Tasse noch weiter stabilisieren will, schöpft noch etwas Sand zum Beschweren in die Öffnung hinein. So haben Sie beide Hände frei, um sich auf das nahtlose Anpassen der Stücke zu konzentrieren.

STÖPSEL EINES WASCHBECKENS ERSETZEN

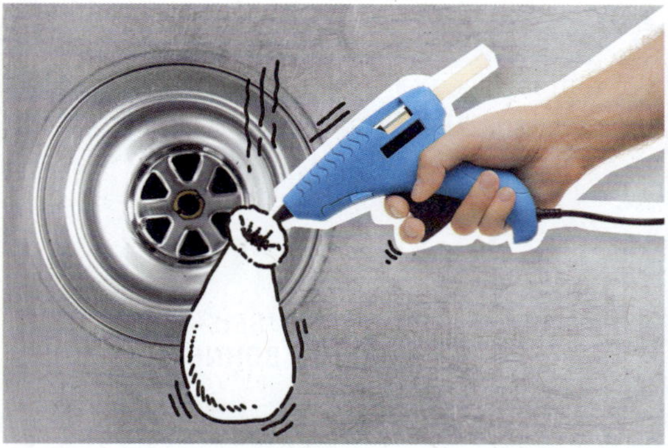

1. Die Öffnung eines Luftballons umkrempeln. Den Ballon mit Heißkleber füllen, sodass er in etwa die Größe eines Squashballs hat. Dann den Ballon zuknoten.

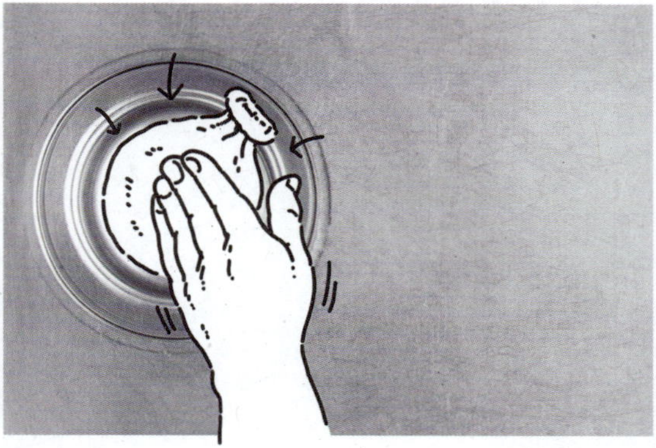

2. Den gefüllten Ballon jetzt mit einer Hand fest in den Abfluss pressen, sodass er ihn ausfüllt und dessen Form annimmt.

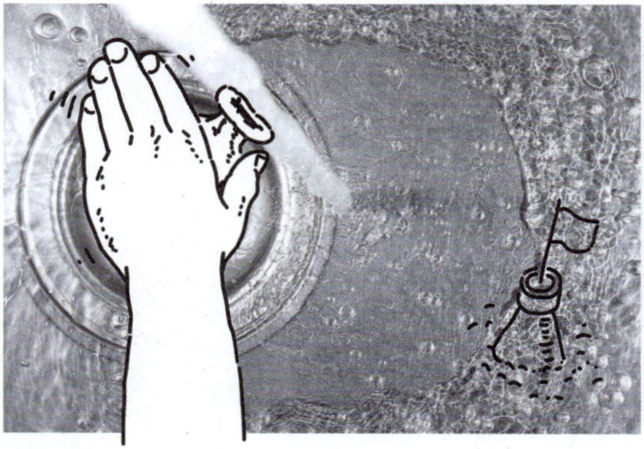

3. Das kalte Wasser anstellen, während der Druck auf den Ballon aufrechterhalten wird. Der Kleber kühlt sich ab und wird hart.

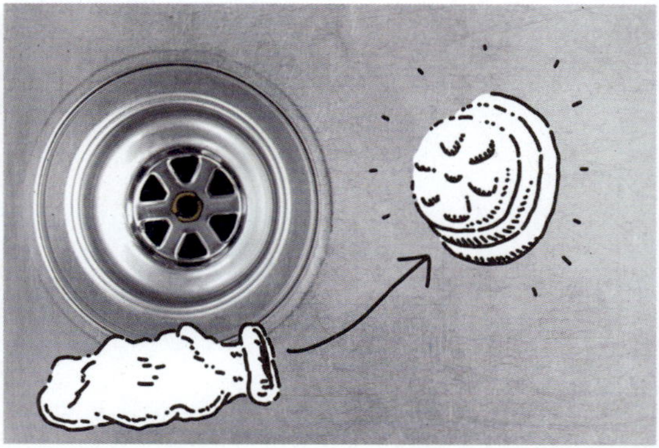

4. Den provisorischen Stöpsel am Ballonzipfel aus dem Abfluss herausziehen. Sollte der Ballon mal kaputt gehen, lässt er sich einfach austauschen.

Bevor Sie aus der Werkstatt

in die Zivilisation zurückkehren, sollten Sie sich erstmal von Farb- und Sägemehlschichten säubern.

DER ÜBLICHE DRECK

Heimwerken – die schönste Dreckarbeit der Welt! Wo gehobelt wird, fallen halt Späne. Wie Sie danach am schnellsten wieder die allgemein üblichen Hygienestandards erfüllen, erfahren Sie hier.

Ölfarbe oder Schmiere? Hände und Gesicht einfach mit Olivenöl einreiben und rubbeln. Auch 2–3 EL Salz machen die Haut überraschend sauber – ein feines Peeling inklusive.

Blutflecken? Sind sie noch frisch, können Sie Textilien in Wasser einweichen, auswringen und mit Backpulver bestreuen. Danach wie üblich waschen. Angetrocknete Blutflecken werden in kaltem Wasser eingeweicht und mit Spülmittel ausgewaschen.

Emulsionsfarbe auf der Hose? Ist der Fleck noch frisch, einfach abtupfen und mit kaltem Wasser ausspülen. Wenn er schon eingetrocknet ist, müssen Spiritus oder Verdünner ans Werk.

Acrylfarbe? Schnell mit dem Lappen abtupfen. Waren Sie zu langsam, sodass der Fleck eingetrocknet ist, hilft Pinselreiniger.

Flecken von Motor- und Maschinenöl? Textilien mit Butter oder Margarine einreiben, kurz einwirken lassen und dann mit Spiritus ausreiben.

Nagellack? Lässt sich mit Brennspiritus von Kleidung entfernen. Nicht bei Kunstfasern verwenden, da Brennspiritus diese beschädigt.

Tapetenkleister? Der Kleister ist wasserlöslich. Erst mit einem Messer wegschaben und dann mit warmem Wasser auswaschen.

Holzschutzmittel oder -lasur? Hier helfen Terpentinersatz oder Verdünner.

Rostflecken auf Kleidung Zitronensaft mit Salz vermengen und auftragen. Eine Stunde einwirken lassen. Dann rausbürsten und wie gewohnt waschen.

Teerflecken? Erst einmal abschaben und dann ab damit in den Eisschrank. Durch die Kälte wird der Teer bröcklig und lässt sich abkratzen. Sind Reste geblieben? Mit Butter oder Margarine einreiben.

Möbelpolitur? Teppich, Textilien oder Polster zunächst einmal mit einem Lappen abtupfen. Dann Talkumpuder oder Speisestärke drüberstreuen. Ca. 2 Stunden einwirken lassen – das Öl der Politur wird so aufgesaugt. Danach ausbürsten. Verbleibende Verfärbungen werden mit Waschbenzin behandelt.

WASSERSCHIEBNUDEL

ÜBERSCHWEMMUNG in Haus oder Werkstatt? Mit diesem Gerät werden kleine Überschwemmungen schneller beseitigt.

WENN SIE KEINEN WASSERSCHIEBER im Haus haben, um den Schaden einzudämmen, lässt sich einer fix improvisieren: Ein Stück von einer Schwimmnudel abschneiden, längs bis zu zwei Drittel tief einschneiden und über die Zinken einer Harke stülpen. Keine Harke parat? Machen Sie einen kreuzförmigen Schnitt in die Schaumstoffwurst und stecken Sie dort den abschraubbaren Stiel eines Besens oder Mopps hinein. Fertig ist die Wasserschiebnudel!

TÜTENMAGNET

VIELE KLEINE Metallgegenstände vom Boden aufheben? Äußerst ungern! Dabei geht das schneller als Sie denken.

IST DIE BOX voller Schrauben aus Eisen und Stahl oder Nickel runtergefallen und jetzt kreuz und quer über dem Werkstattboden verstreut? Einfach einen starken Magneten nehmen (gibt es auch mit Stiel) und eine Tüte darumwickeln. Den Magneten wie einen Besen über die metallischen Ausreißer fegen lassen, sodass alles daran hängen bleibt. Zuletzt die Tüte von außen nach innen umstülpen und verschließen. So wird das Chaos ruckzuck eingetütet.

SAUBERE SACHEN

WER HÄTTE DAS GEDACHT – Heimwerken kann eine saubere Sache sein.

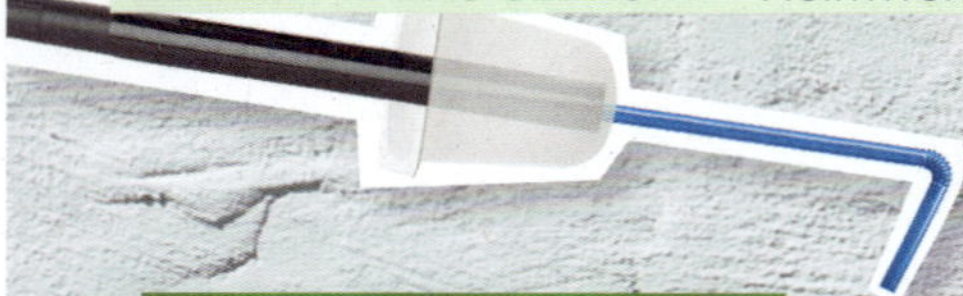

Um das übliche Dreckgeriesel beim Über-Kopf-Bohren zu vermeiden,

den Boden eines Joghurt- oder Papierbechers durchbohren, um den Staub aufzufangen. Noch besser: Unterteil einer **Plastikflasche** abschneiden – da sie durchsichtig ist, behält man hier immer den Überblick.

Saugen in den kleinsten Ecken und Nischen?

Falls der passende Aufsatz fehlt, einfach einen abgeschnittenen **Plastikflaschenboden** mittig durchbohren, Strohhalm durchstecken und mit Klebeband abdichten.

Anstelle Staubtücher mit Waschpulver zu reinigen,

besser zu Kernseife greifen. Diese erhöht die **Anziehungskraft,** sodass der Staub besser hängen bleibt.

Wenn man einen Post-it-Zettel an die Wand klebt, um Bohrstaub aufzufangen,

gibt dieser zu leicht unter dem Geweicht nach Sicherer ist ein Kaffeefilter oder Briefumschlag mit Tapetenband anzubringen. Oder etwas abenteuerlicher: Bohrmaschine ansetzen, dann einige Ringe **Rasierschaum** drumsprühen, sodass beim Bohren der ganze Staub von der weißen Masse geschluckt wird.

Turbomäßig scheuern lässt es sich,

wenn man den Stiel einer **Toilettenbürste** abknipst und sie in eine Bohrmaschine oder einen Akkuschrauber einspannt.

Um Farbe aus den eigenen Haaren zu entfernen,

etwas **Olivenöl auf Watte** geben und das Haar massieren.

Wer mit dem Klauenhammer einen Nagel herauszieht,

sollte Pappe, Leder, eine Gummimatte oder einen **Schwamm dazwischenhalten,** damit die Oberfläche nicht verdreckt oder verschrammt wird. Geht ebenso: ein breiter Spachtel.

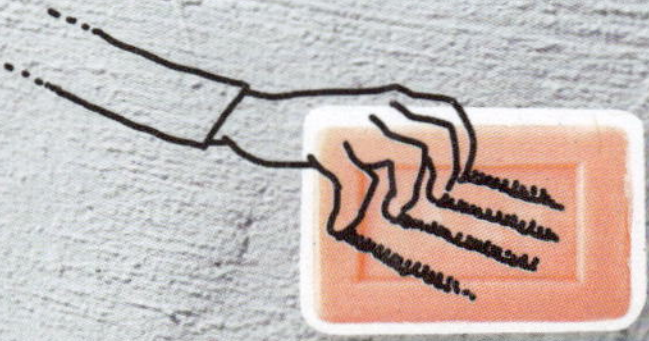

Dreckarbeit und keine Handschuhe?

Fingernägel lassen sich später besser säubern, wenn man vorher mehrmals über ein **Stück Seife** kratzt. Dann kommt die Schmiere gar nicht erst bis darunter. Und nach der Arbeit einfach die Seife wieder wegbürsten.

Wird Ihre Werkstatt schnell staubig, etwa durch das viele Arbeiten mit Holz?

Dann benutzen Sie anstelle eines Besens lieber einen **Staubmopp.** Besen neigen dazu, riesige Staubwolken aufzuwirbeln, wohingegen sich der Schmutz mit dem Mopp fein säuberlich zusammenschieben lässt.

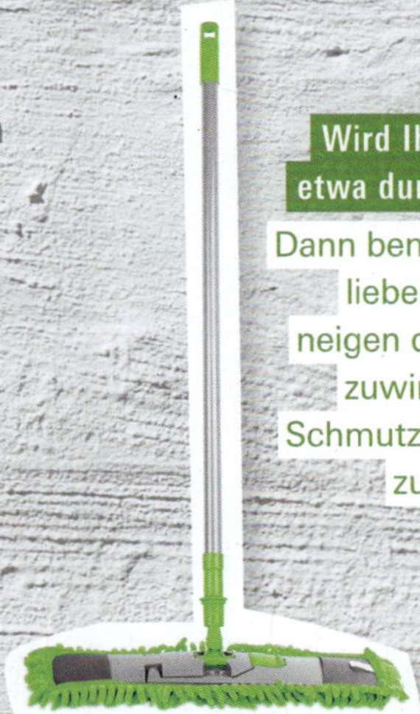

Die Hände sind schmierig geworden?

Bevor Sie Ihr Werkstück beschmieren, die Fettfinger einfach mit **Sägemehl** abrubbeln. Das saugt alles Ölige rasch auf. Also auch gut dafür, um auf Ölflecken am Boden gestreut zu werden.

HINTER GUMMIGITTERN

IMMER SCHÖN FLEXIBEL bleiben – Bungee- und Expanderseile mal etwas anders: als Ordnungshelfer.

WER DEN STAURAUM bei einem hohen Regal- oder Schrankfach ohne Tür voll ausreizen will, der bohrt oben und unten Löcher, fädelt Gummiseile durch und verknotet sie. Loser Kleinkram, der nicht allzu schwer ist, lässt sich so bis ganz oben übereinanderschichten, ohne dass etwas herauspurzelt. Gummi- und Lederbälle lassen sich ebenfalls platzsparend verstauen, wenn man sie in einem Holzgestell mit elastischen Seilen bändigt.

KAFFEE AUF SCHIENEN

SIE SUCHEN eine platzsparende Art, Ihre Kaffeekapseln aufzubewahren? Schon gefunden!

KAFFEEKAPSELN AUFGERÄUMT unterbringen, ohne die Küchenarbeitsflächen mit karussellartigen Ständern vollzustellen? Einfach selbst Hand anlegen! Hierfür zwei H-Profile nehmen – das sind spezielle Schienen, die z. B. eine zweiteilige Schrankrückwand zusammenhalten (U-Profile gehen auch). Die Schienen parallel an der Unterseite eines aufgehängten Schranks festkleben. Den Abstand dabei so abmessen, dass die Kapseln auf den Schienen Halt finden.

Schadstoffe

Sie verbergen sich in zahlreichen Werkzeugen und Alltagsgegenständen aus weichen Kunststoffen. Besonders Schnäppchen vom Ramschtisch sind hier betroffen.

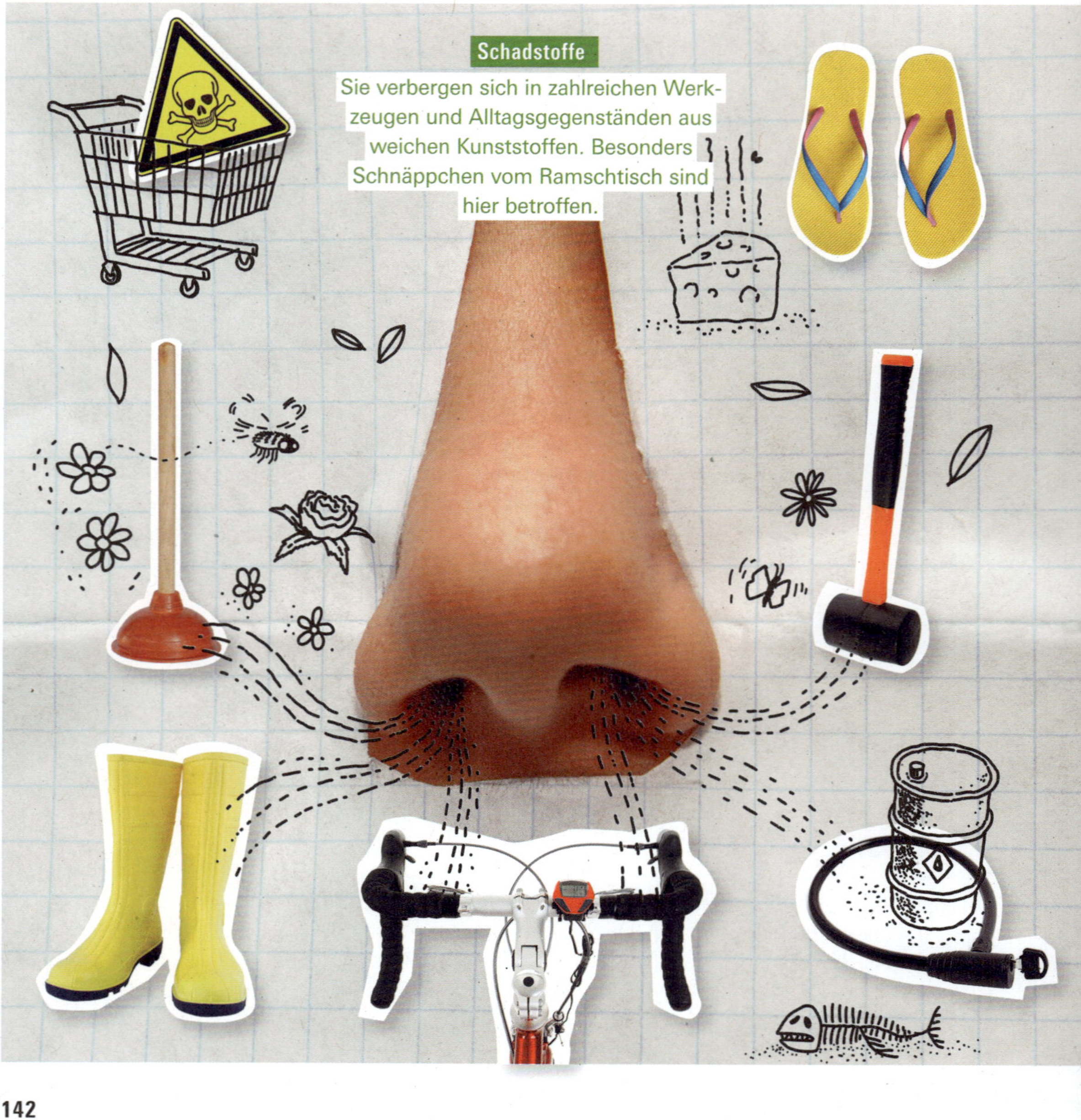

IMMER DER NASE NACH

„Geiz ist geil" hat seinen Preis: Oftmals lassen sich die Produkte nur so günstig produzieren, weil die – Hersteller sich nicht allzu sehr um die Gesundheit ihrer Kunden scheren. Wenn Hämmer, Fahrradschlösser, Gummistiefel oder Badelatschen also besonders billig daherkommen, lohnt es sich, misstrauisch zu sein. Denn sie können unter anderem gesundheitsschädliche PAK, Chlorparaffine oder Phthalate enthalten, die im Verdacht stehen, krebserregend zu sein.

PAK

Die Abkürzung steht für polyzyklische aromatische Kohlenwasserstoffe. Acht dieser Verbindungen sind als krebserregend eingestuft, weitere stehen im Verdacht, Krebs zu erregen. Außerdem gefährden viele die Umwelt, auch Wasserlebewesen. PAK sind in Erdöl vorhanden und entstehen auch beim Ofenheizen oder Grillen. Das Lungenkrebsrisiko beim Zigarettenrauchen wird teils auf den bekanntesten PAK zurückgeführt: Benzo(a)pyren.

Chlorparaffine

Die kurzkettige Form wird in der Umwelt kaum abgebaut und kann vermutlich Krebs erzeugen. Diese Stoffe dienen z. B. als Flammenhemmer in Textilien, als Weichmacher in Kunststoffen oder als Bindemittel in Lacken.

Phthalate

Die Weichmacher für Plastik gibt es in giftiger und ungiftiger Form. Einige der Phthalate können Ungeborene im Mutterleib schädigen, beeinträchtigen die Fruchtbarkeit bei Männern und schaden der Umwelt, vor allem Wasserlebewesen. Durch Phthalate werden harte Kunststoffe weich und nutzbar – etwa PVC-Plastik für Kabel, Baufolien und Bodenbeläge.

Schnüffeltest

Wie lassen sich diese Schadstoffe beim Einkauf vermeiden? Vertrauen Sie Ihrer Nase! Wenn der Artikel einen beißenden gummiartig-öligen Geruch verströmt, der einen fast in die Ohnmacht treibt, lassen Sie lieber die Finger davon. Ein exakter Beweis für darin enthaltene Giftstoffe ist dieser Schnüffeltest nicht. Weichmacher und Chlorparaffine sind für die menschliche Nase leider kaum zu riechen, treten aber öfter in Verbindung mit den miefenden PAK auf.

Aber wenn Sie im Laden stehen und die Wahl zwischen üblen Stinkern und geruchsarmen Alternativen haben, hilft „immer der Nase nach" als grobe Faustregel definitiv weiter.

OIL
ZUR KÜHLUNG

SUPERTRENDY

Upcycling statt Wegwerfen: Mit einem Schuss Kreativität schlüpft Ihr Gerümpel in ganz neue Rollen und feiert ein starkes Comeback. Die alten Gürtel und Gartenschläuche gehören in die Tonne? Niemals! Die abgenutzten Koffer und Kickerfiguren sind zu nichts mehr zu gebrauchen? Doch, da geht noch was!

KAFFEEKAPSELVORHANG

DIE GEBRAUCHTEN KAPSELN zu metallisch glänzenden Müllbergen auftürmen? Nee, lieber schick aufhängen.

WENN CAFFÈ CREMA und Lungo weggeschlürft sind, bleiben sie übrig: Kaffeekapseln. Wer daraus noch etwas Wunderschönes basteln will, haut sie mit dem Hammer auf einer festen Unterlage platt. Dann in Randnähe an gegenüberliegenden Stellen mit einer heißen Nadel Löcher durchstechen – oder auch mit Hammer und Drahtstift. Zuletzt mit Metallringen verbinden oder auffädeln und an Gardinenstange festknoten. Fertig ist der Vorhang im Metallic-Look!

VINYLRAUMTEILER

PLATTENBAU wird hier mal etwas anders ausgeführt.

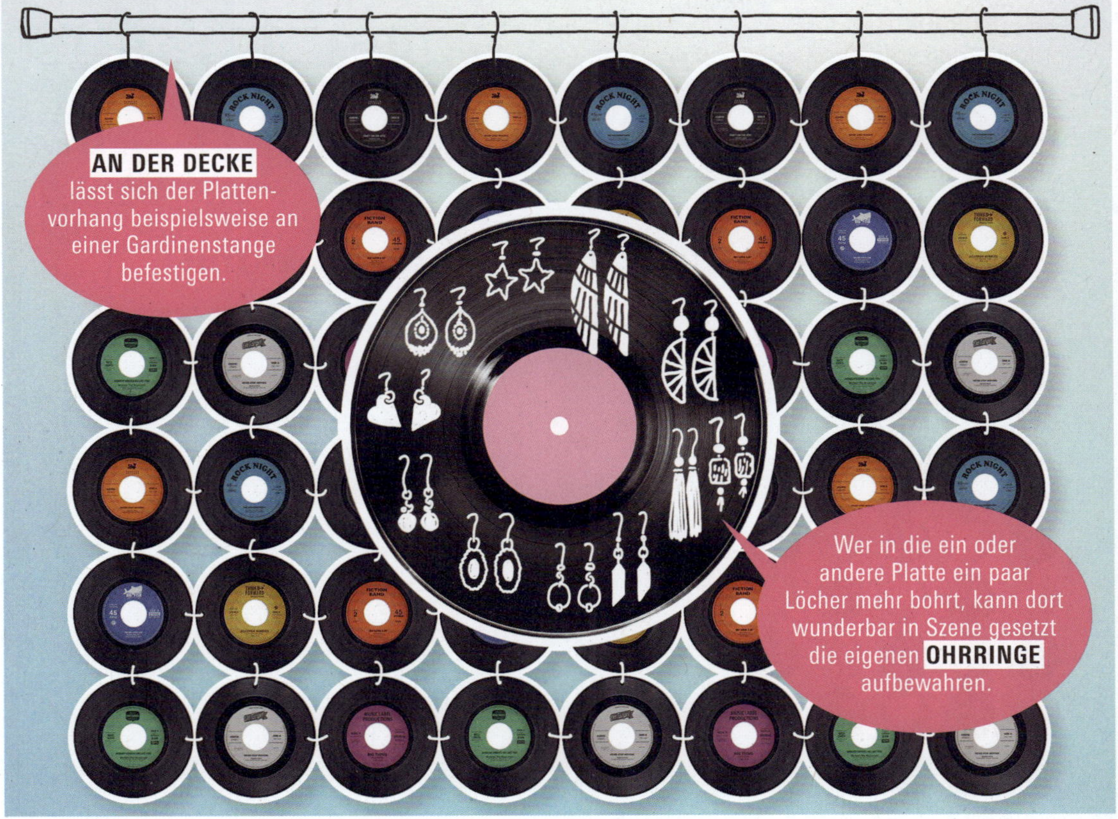

ALTE SCHALLPLATTEN werden zu einem stylishen Raumteiler, der nicht komplett abschottet. Wer Singles statt LPs nutzt, macht ihn noch durchlässiger. In jede der Scheiben werden drei bis vier Löcher gebohrt – je nachdem, ob sie am Rand oder in der Mitte hängen. Dabei einen Metallbohrer mit scharfer Spitze verwenden und ein Stück Holz unterlegen. Die Löcher mit Drahtschlaufen verbinden. Sie sollten gleich lang sein, damit der Vorhang symmetrisch wird.

VOLLES ROHR

SONST DÜRFEN SIE meist nur Wasser durch sich durchrauschen lassen. Hier wird ihr Potenzial endlich voll ausgeschöpft. PVC-Rohre zeigen, was sie alles drauf und drin haben.

Beim Durchbohren von PVC-Rohren

mit niedriger Drehzahl arbeiten – ansonsten schmilzt das PVC, wodurch **Schadstoffe** in die Luft freigesetzt werden!

Die Kurve kriegt man hervorragend,

wenn fürs **Schleifen von Holz** Schmirgelpapier auf und in PVC-Rohre geklebt wird.

Ein T-Stück

oben auf das Stielende von Schaufel, Besen oder Harke gesetzt, gibt bei der täglichen Werkelei gleich **viel besseren Halt.**

Klebeband-Organizer gefällig?

Eine Schnur doppelt nehmen, am Ende verknoten und durch ein dünnes Rohr fädeln, sodass die beiden Schlaufen herausschauen. Nun die Rollen **auf dem Rohr aufreihen** und die Schlaufen an zwei Nägeln einhaken.

Ein handgroßes Stück Rohr aufschneiden

und über den Henkel eines Eimers pfriemeln. Tadaa: der Henkel schneidet nicht mehr in die Hand ein, weil die **Tragehilfe** das Gewicht auf einer größeren Fläche verteilt.

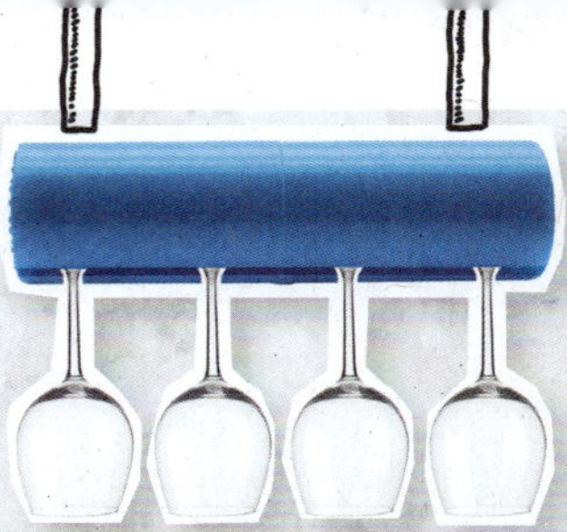

Der gleiche Längsschnitt

wie bei der vorherigen Akkubohrerhalterung, nur etwas schmaler – und schon lassen sich **Weingläser** kopfüber darin aufreihen.

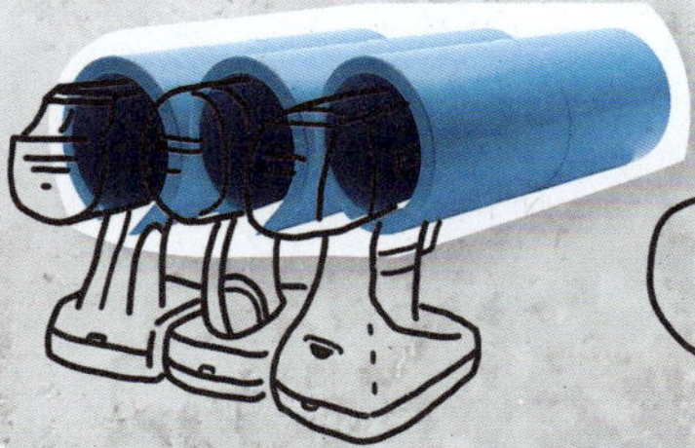

Wer PVC-Rohrstücke an einer Seite längs aufschneidet,

kann sie als **Wandhalterung** für Akkubohrer und Co. verwenden.

Ein T-Stück verwandelt sich

ohne jeglichen Aufwand im Bad in einen **praktischen Halter** für Föhn und Lockeneisen.

Die Gartengeräte liegen kreuz und quer herum?

Rohrstücke senkrecht an der Wand oder an Brettern montieren und die **Stiele durchstecken.** Oder Rohrstücke an einer Seite längs aufschneiden, an die Wand schrauben und die Geräte einhaken.

SCHLAUCHGRIFFE

SIE HABEN EINEN ALTEN Fahrradschlauch und schwitzige Hände, die ständig an Gerätestielen abrutschen? Das trifft sich aber gut.

Falls der Schlauch etwas zu eng für den jeweiligen Stiel sein sollte, das Gummi mit einem **FÖHN ERWÄRMEN**. Dann lässt er sich ganz handzahm dehnen und in die gewünschte Form bringen.

Nicht nur Werkzeugstiele können von dieser **RUTSCHFESTIGKEIT** profitieren. Auch am Fahrrad selbst lässt sich der Schlauch noch ein zweites Mal einsetzen: als Griff am Lenker.

WER NICHT DAUERND Arbeitshandschuhe tragen möchte, um bei Werkzeugen besser Halt zu finden, kann die Werkzeuge selbst aufrüsten. Dafür einen alten Fahrradschlauch zerschneiden und die Stücke über das Ende der Werkzeugstiele ziehen. So lassen sich Hammer und Axt, aber auch z. B. Besen und Schubkarre upgraden. Wer mehrere Schlauchstücke übereinander auf einen einzigen Griff zieht, darf sich zudem noch über eine feine Polsterwirkung freuen.

UNTER SCHLAUCHSCHUTZ

WENN DER GARTENSCHLAUCH alt und rissig wird, hat er noch lange nicht ausgedient.

EIN SCHLAUCH IST es gewohnt, flexibel sein zu müssen. Sobald die Zeit im Garten zu Ende geht, wird gleich anderswo mit angepackt, denn auch in der Werkstatt gibt's noch so einiges zu tun. Wer ein Schlauchstück längs aufschneidet, kann es über das Sägeblatt einer Handsäge stülpen. Erstens bleibt sie so länger scharf – da freuen sich Sägeblatt und Werkstücke. Zweitens ist sie beim Lagern sowie Hin- und Hertragen sicherer eingepackt – da freuen sich Ihre Finger.

FLASCHENBEINE

WEINFLASCHEN in den Altglascontainer? Aber nein, die feiern jetzt ein standfestes Comeback.

Seitlich anbauen: Wer über einzelne Flaschen **MEHRERE PLATTEN** steckt, kann eine ganze Tischkarawane aneinanderreihen.

Luftig aufstocken: Auch **BLUMEN-ETAGEREN** lassen sich nach diesem Prinzip wunderschön gestalten.

HABEN SIE NOCH eine alte Tischplatte im Keller? Oder Holzplatten, die sich mit Schleifgerät und Beize aufhübschen lassen? Gut. Dann mit dem Forstnerbohrer in Randnähe einige Löcher bohren, sodass Weinflaschenhälse hindurchpassen. Holz und Flaschen ineinander stecken – fertig ist ein Tisch, der Vasen inklusive hat. Die schicken Teile lassen sich auch als erhöhte Servierplatten für Appetizer am Esstisch verwenden. Oder als zweite Ebene auf einer Kommode.

BLECHBUTLER

KONSERVENDOSEN erhalten durch Upcycling eine tragende Rolle beim nächsten Schlemmerfest im Garten.

KONSERVEN ALS BESTECKHALTER verwenden: Zunächst Etiketten entfernen und sauber ausspülen. Ein Holzbrett von ca. 3–4 cm Dicke so zuschneiden, dass auf jeder Seite drei Dosen nebeneinander Platz finden. Löcher am oberen Dosenrand vorbohren und die Dosen innen und außen farbig lackieren. Sobald sie getrocknet sind, ans Brett schrauben. Nun an der Brettoberseite mit zwei Schrauben plus Unterlegscheiben einen Leder- oder Nylonriemen befestigen.

BODENLOS

NORMALERWEISE sind Kordel und Bänder die erste Wahl, um Vorhänge zurückzubinden. Hier aber wird die Teestube geplündert.

Wer beim Terrakottablumentopf den Boden herausbohrt und -schleift, kann eine Stoffserviette durchstecken. Ein rustikaler **SERVIETTENRING** für die Gartenparty!

Die Tasse darf so uralt und Vintage sein, wie Sie nur wollen. Aber achten Sie darauf, dass sie **KEINE RISSE** hat. Das macht es wahrscheinlicher, dass sie das Bohren nicht heil übersteht.

VORHANG AUF für die neuen Raffhalter, die so schnell keiner vergisst. Dafür die Teetassen umgedreht auf eine rutschfeste Gummiunterlage stellen. Etwas Kreppband über die Bohrstelle kleben, damit der Bohrer Halt findet. Am besten stufenweise bohren: zuerst mit einem kleinen Aufsatz anfangen und dann das Loch mit größeren Bohrern erweitern. Mit Schleifgerät weiter vergrößern. Am Ende den Vorhang durchstecken und den Henkel am Wandhaken einhängen.

PRÄSENTIERTELLER³

TURMBAU mit Sonntagsgeschirr – auf geht's, rauf geht's!

Allerlei Dinge lassen sich mit der **ETAGERE** in luftige Höhen entführen: Gebäck, Obst, Schmuck, Make-up-Artikel und vieles mehr.

Wer ganz oben anstelle eines Untertellers eine Tasse platziert, hat einen praktischen **DIP-BEHÄLTER** für die Kartoffelchips, die er auf den darunterliegenden Stockwerken ausbreitet.

DREI ODER MEHR schicke Porzellanteller oder Schalen auswählen und in die Mitte ein Loch bohren. Damit der Bohrer beim Ansetzen nicht so leicht abrutscht, vorher etwas Kreppband auf die Stellen kleben. Am besten mit einem kleinen Bohrer beginnen und dann zu größeren Aufsätzen wechseln. Die Größe der Bohrlöcher hängt von der Stange des Etageren-Sets ab – dieses gibt es inklusive Schrauben online günstig zu kaufen. Schutzbrille nicht vergessen!

GOLFBALLFEILENGRIFF

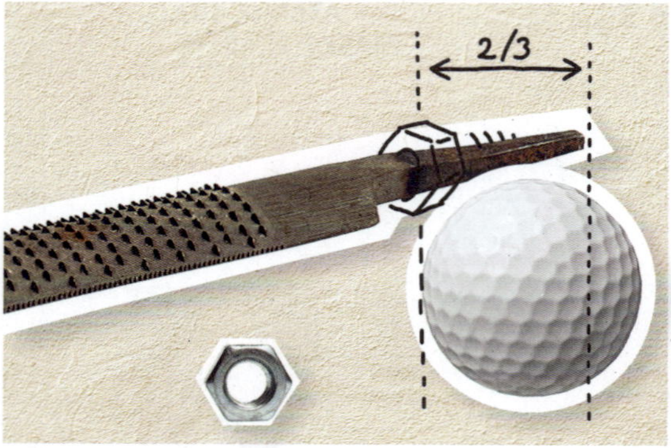

1. Sechskantmutter auf Feilenangel stecken und neben den Golfball halten: Der Abstand von der Mutter bis zum Ende der Angel sollte ca. zwei Drittel des Golfballdurchmessers betragen.

2. Einen Bohrer auswählen, der etwas kleiner als die Mutter ist. Den Ball in einen Schraubstock klemmen und ein Loch bohren – etwa zwei Drittel des Durchmessers tief.

3. Die Mutter vor das Loch stecken und zusammen in den Schraubstock klemmen, sodass die Mutter komplett ins enge Loch gepresst wird.

4. Feilenangel in die Mutter reindrehen. Fertig ist der ergonomisch bequeme Griff. So ist die Hand beim Feilen nahe am Werkstück und der ausgeübte Druck kann leicht reguliert werden.

BILLARDSPIELEREI

VERKEHRTE WELT: Die Billardkugel landet nicht im Loch, sondern das Loch landet in der Kugel.

ATEMSCHUTZMASKE TRAGEN! Diesen feinen Kunststoffstaub mag niemand in der Lunge haben.

Besser mit einem **KLEINEN BOHRER** vorbohren und sich dann ganz allmählich steigern – sonst kann es sein, dass die harte Hülle der Kugel allzu leicht splittert.

Forstner-Bohraufsatz

FÜR DIE BILLARDKUGELDEKO ein Brett unter der Ständerbohrmaschine fixieren und mit einem Forstnerbohrer ein Loch bohren, in dem die Billardkugel sitzen soll. Die Kugel hineinsetzen und mit einer Zwinge fixieren, damit sie sich nicht mitdreht. Zum Bohrer wechseln, mit dem die Kugel durchbohrt werden soll. Ganz nach Gusto weiter verarbeiten: als Schalthebelkopf im Auto, Schrankgriff, Garderobenhaken oder auf einer Metallstange aufgereiht als Punktestandzähler.

Nimmer auf Achse

Wenn sich das Reisefieber abgekühlt hat, kann so ein kosmopolitischer Koffer auch die häusliche Gemütlichkeit schätzen lernen.

VINTAGEKOFFER

Zum Reisen reicht es nicht mehr – so ganz ohne Rollen artet das nur in nervige Schlepperei aus. Aber zu Hause lässt sich noch viel mit den alten Koffern anfangen. Hier verwandeln sie sich mit ein wenig Kreativität in kultige Vintagedeko. Da kann der Rest Ihrer Einrichtung fast einpacken!

So eine Minibar, die ganz fertig in der Schrankwand mit eingebaut ist, kommt Ihnen zu spießig daher? Dann schnappen Sie sich einen alten Koffer vom Dachboden oder vom Flohmarkt und legen ihn aufgeklappt auf einen rechteckigen Beistelltisch. Damit die beiden zusammenhalten, reicht im Prinzip schon doppelseitiges Klebeband, aber nageln und schrauben ist definitiv stabiler.

Variante: Auch hochkant an die Wand geschraubt ist die Koffer-Minibar ein echter Eyecatcher, besonders wenn man die aufgeklappten Kofferteile in einer Zimmerecke anbringt. Hier aber besonders auf die Stabilität des Materials achten – morsches Leder kracht ruckzuck wieder von der Wand runter.

Gut gepolstert lassen sich Koffer auch in kleine Sessel umarbeiten. Dazu zwei passende Polster in die aufgeklappten Hälften legen und unten vier Holzbeine anschrauben.

Mit ein paar Kissen und der Lieblingsdecke kann ein Koffer auch zum neuen „Körbchen" Ihres Haustiers werden. Einfach mal antesten, ob Miezi und Fifi sich darin niederlassen wollen.

Ganz schnell kann aus dem alten Koffer ein Messageboard gemacht werden. Wer eine große Fläche leicht abschmirgelt und mit Tafelfarbe bestreicht, kann darauf Botschaften an die übrigen Hausbewohner sowie mehr oder weniger intelligente Sprüche hinterlassen.

Der reiselustige Koffer vermisst die frische Luft? Dann mit vielen Blumen oder Kräutern vollpacken und im Garten auf einem kleinen Tisch oder auf dem Boden, an die Wand gelehnt, als originellen Pflanzenbehälter benutzen.

Und auch als Regalbretter lassen sich Koffer an die Wand bringen: Hierfür müssen zunächst die Vorderseiten der Koffer abgesägt werden. Als Aufhängung werden Kanthölzer, die auf die Länge des Koffers abgestimmt sind, an die Wand geschraubt. Die Kofferteile werden auf die Kanthölzer gesteckt und verschraubt, sodass die Halterung komplett unsichtbar wird und der Eindruck eines schwebenden Bretts entsteht.

BLUMENSESSEL

HART, ABER HERZLICH: Das raue Grau von Hohlkammersteinen wird frisch begrünt.

WIE LEGO, NUR GRÖSSER und grauer: Hohlkammersteine werden zum Open-Air-Sessel! Für die Sitzfläche neun Stück hochkant aufstellen. Die beiden Lehnen bestehen aus 2 x 6 quer übereinander getürmten Steinen. Für die Rückseite 12 Steine quer aufstellen. Damit Blumen mit oder ohne Topf Halt finden, innen an die Unterseite der obersten Steinreihe von Lehne und Rückseite jeweils ein Stück Maschendraht klemmen. Ein Sitzkissen macht die Anlage perfekt.

GOOD VIBRATIONS

WIE VERSCHEUCHT MAN die Luftblasen schneller aus dem Beton? Natürlich mit der Säbelsäge.

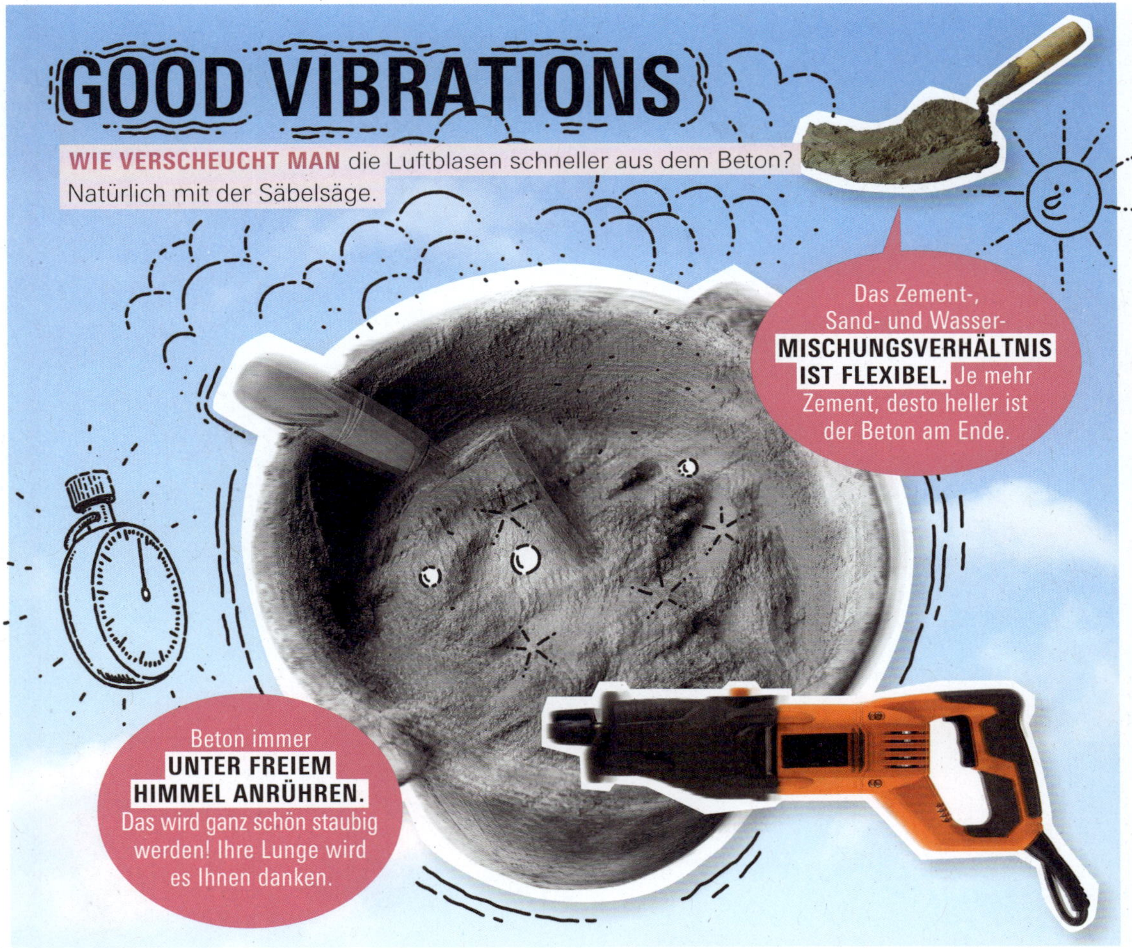

RÜTTELN UND SCHÜTTELN Sie an der Form bei Arbeiten mit Beton, dann steigen die Lufteinschlüsse an die Oberfläche. Wem das alles zu langsam und anstrengend ist, der greift zum Highspeed-Rüttler: einer Säbelsäge ohne Sägeblatt, die nach dem Einschalten einfach an die Betonform gehalten wird. Durch die Vibrationen wird das Blasenverjagen ungemein beschleunigt. Anstelle der Säge eignen sich auch andere schwingungsfreudige Elektrogeräte.

Klobig und klotzig?

Muss nicht. Beton ist ein preisgünstiges DIY-Material, mit dem man mehr als nur den üblichen Industrial Look erzeugen kann.

ES GRAUT SO GRAU – BETON BEAUTY

Beton hat nicht den besten Ruf – dabei ist der Werkstoff enorm vielseitig. So erschaffen Sie kleine Betonoasen bei sich zu Hause.

Beton in eine Schale gießen und eine zweite Schale hineinpressen. Diese mit einem Gewicht beschweren.

Die Form vorher mit Speiseöl einreiben, um den Beton später besser herauslösen zu können.

Luftblasen lassen sich nicht ganz vermeiden. Damit sie weniger werden, die Form fleißig rütteln, damit die Blasen nach oben steigen.

Die Trocknungszeit hängt vom verwendeten Beton ab. Den Gegenstand frühestens nach 24 Stunden aus der Form nehmen. Vollständig ausgehärtet ist er nach gut 3 Tagen – währenddessen in warmer Umgebung lagern.

Scharfe Kanten abschleifen, sofort nachdem der Gegenstand aus der Form genommen wurde: kreisförmige Bewegungen mit Schleifpapier oder Stahlbürste.

Dekorative Strukturen zaubert das adrige Muster eines Rhabarberblatts auf eine Schüssel oder einen Trittstein für den Garten. Blattunterseite mit Öl einreiben und Beton draufschaufeln. Wenn es eine Schale werden soll, das Blatt auf einen kleinen Hügel betten.

Schubladengriffe lassen sich anfertigen, wenn man Beton in Silikonförmchen füllt und nach ca. 15 Minuten einen entsprechenden Bolzen in die Betonmasse hineindrückt. Kleinere Silikonförmchen eignen sich aber auch für (bemalte) Schmuckanhänger aus Beton.

Ein Handtuch verwandelt sich in einen Blumenkübel, wenn man es in Beton einweicht und dann über einen umgedrehten Eimer oder großen Becher stülpt. Sobald es getrocknet ist, unten zwei Löcher als Wasserabfluss bohren. Dann einfach umdrehen und rein mit den Blumen!

Einen Betonhocker kann man sich mit 3 Liter Wasser und 1,5 Kilogramm Zement zusammenmischen. Die Masse in einem Eimer anrühren. Mit einem Holzstab den Pegelstand prüfen: Er sollte bei ca. 10 cm liegen. Dann drei 60 cm lange Rundhölzer symmetrisch in den Beton stecken und am Eimerrand befestigen.

Den Terrazzo-Look erhält, wer Zement mit Wasser und buntem Glas anstelle von Sand vermischt. Nach dem Trocknen die Oberfläche abschleifen, bis die Glasstücke wie Konfettischnipsel zum Vorschein kommen.

BETONBIRNENGRIFF

AUF DIE ALTE energieuneffiziente Glühlampe kommen harte Zeiten zu.

EINE KNALLHARTE FIGUR wird das: Mit Handschuhen, Zange und Schraubendreher eine Glühlampe ausweiden. Beton anmischen, er sollte eine cremige Konsistenz besitzen. Aus Pappe einen Trichter formen und Beton hineingießen. Die Birne etwas schütteln, damit einige Luftblasen verschwinden – nicht alle, das macht den Beton-Look ja gerade aus. Schraubbolzen mittig in den Beton pressen, 2–3 Tage trocknen lassen, dann das Glas vorsichtig weghämmern.

GÜRTELREGAL

GERADE VERTEIDIGTEN sie noch die dünne Hose gegen die Schwerkraft, jetzt wagen sie sich an dicke Bretter ran.

Wer einen besonders langen Gürtel hat oder zwei miteinander verbindet, kann sich auch ein **DOPPELDECKER-REGAL** zusammenfrickeln.

Bei Ihnen liegen noch weitere Gürtel nutzlos rum? Die lassen sich auch hervorragend als **KLEINE SCHLAUFEN** zuschneiden, die man dann als Schrank- oder Schubladengriffe anmontieren kann.

ZWEI GLEICH LANGE GÜRTEL gegen die Wand halten und jeweils an zwei Stellen durchbohren, sodass sie parallel zueinander sind. Abstand der Bohrlöcher so wählen, dass das Brett an beiden Enden 3 cm oder mehr übersteht. Die Gürtel mit vier Dübeln an die Wand schrauben. Gürtelschnallen verschließen und das Brett in die großen Schlaufen einhängen. Soll es ganz und gar wackelsicher sein, das Brett zusätzlich an der Vorderkante mit dem Leder verschrauben.

COOLE KICKER

DAMIT MAN GLEICH beim Betreten der Wohnung weiß, was hier Sache ist: Hier leben, feiern und jubeln echte Fußballfans!

Wer es zu schade findet, die strammen Kicker mit irgendwelchen Sachen zuzuhängen, kann auch einfach **ZUSÄTZLICHE HAKEN** zwischen den Männchen dranhängen.

Alte Tischkicker lassen sich oft auf dem **FLOHMARKT** auftreiben. Teilweise werden die Figuren auch einzeln ohne Stange und Tisch verkauft.

KICKERFIGUREN ALS GARDEROBE an der Wand? Da gibt es zwei Möglichkeiten: Man kann die Aufhängung einer Gardinenstange zweckentfremden und dort die Männchen inklusive Originalstange anhängen. Oder: Die Figuren von der ursprünglichen Stange entfernen und auf eine Edelstahlstange stecken, die normalerweise zum Aufhängen von Küchengeräten und Handtüchern verwendet wird. So oder so: Die Meisterschale für Garderobenbauer ist Ihnen sicher!

CD-MOSAIK

WENN DIE GANZE MUSIK jetzt in der Cloud schwebt, können die alten Scheiben weiterziehen und die Küchenwände versilbern.

Wer den Look erst mal auf kleiner Fläche **UNVERBINDLICH ANTESTEN** will, verpasst den Töpfen der Küchenkräuter ein schillerndes Make-over.

Auch als **SPLITTERRAHMEN** von Spiegeln oder Bildern machen die zerstückelten Tonträger eine tolle Figur.

GLITZER UND GLAMOUR aus den (d)ollsten Hits: CDs mit einer superscharfen Schere oder einem Multifunktionswerkzeug – unbedingt Diamant-Trennscheibe verwenden, sonst schmelzen die CD-Ränder allzu leicht – in verschieden große Stücke schneiden. Wand gründlich säubern, CD-Stücke mit Fliesenkleber befestigen. Zwischenräume mit Fugenmörtel füllen. Trocknen lassen, dann feucht abwischen, um die CD-Stücke von Mörtelresten zu befreien.

Wunderbar kristallklar

Viele schöne Lieblingsstücke auf einer Oberfläche transparent versiegeln? So werden Sie lockerleicht zum Laminator.

DER LAMINATOR

Epoxidharz ist ein echter Allrounder: Mit dem Werkstoff lassen sich Formen gießen oder Holz-, Metall- und Betonoberflächen versiegeln. Für alle, denen der kristallklare Look nicht ausreicht, bieten die meisten Hersteller auch allerlei Abtönfarben an. Unbedingt auf gute Belüftung und Schutzhandschuhe achten.

Kronkorken oder Cent-Münzen auf Tablett mit erhöhtem Rand: Tablett gründlich säubern und die Kleinteile dicht an dicht auslegen. Epoxidharz zusammenmixen und genau den Angaben folgen (das Mischungsverhältnis ist je nach Hersteller unterschiedlich), sonst härtet es nicht aus! Gleichmäßig über die Fläche ausgießen. In der Regel verteilt es sich von allein einheitlich – bei Bedarf mit Spachtel oder Rolle etwas nachhelfen.

Störrische Kronkorken: Es kann passieren, dass einige Kronkorken durch das Gießen vom Untergrund abheben und auf dem Harz schwimmen. Ist dies der Fall, den Störenfried einfach mit einem Holzstab nach unten an seinen Platz drücken. Wenn er weiterhin zappelt und sich einfach nicht hinsetzen will, am besten erst einmal herausfischen, kurz warten, bis das Harz sich gleichmäßig verteilt hat und dann den Kronkorken wieder von oben draufdrücken.

Nicht rumtrödeln: Die meisten Harze sind schon nach 30–45 Minuten nicht mehr flexibel verarbeitbar. Die komplette Trocknungszeit beträgt je nach Hersteller ca. 24 Stunden. Wichtig: Die Umgebung muss so schmutzfrei wie möglich sein – also am besten dafür sorgen, dass das Tablett in einem Raum allein vor sich hintrocknen kann, ohne das jemand dauernd hin- und herläuft und dabei Staub aufwirbelt, der sich auf der Oberfläche festsetzen kann.

Hilfe bei Luftbläschen: Drohen Bläschen den kristallklaren Look zu verschandeln, mit Heißluftpistole, Bunsenbrenner oder Föhn vorsichtig erhitzen, dann verschwinden sie.

Schichtstärken beachten: Die Epoxidharzhersteller empfehlen jeweils maximale Schichtstärken. Je nachdem, wie hoch die Gegenstände sind, die versiegelt werden sollen, kann es ratsam sein, anstelle einer dicken Schicht schrittweise mehrere dünne zu gießen und sie dazwischen immer erst aushärten zu lassen.

Übung macht den Meister: Wer am Serviertablett geübt hat, geht weiter: Auch komplette Tischplatten und Fußböden lassen sich effektvoll mit vielen stylishen Kleinigkeiten zupflastern und versiegeln.

BILDSCHÖN!

BIS SO EIN BILD ENDLICH MAL an der Wand hängt, können sich wahre Dramen abspielen. Muss aber nicht. So vermeiden Sie, dass weder Rahmen noch Haussegen in Schieflage geraten.

Faden trifft Nagel

Wer bei einer Faden- oder Drahtaufhängung immer wieder daran scheitert, den Nagel zu treffen, steckt einfach die **Zinken einer Gabel** auf den Nagel. Über den Stiel als Führungsschiene lässt sich Faden oder Draht dann ohne Umstände auf den Nagel lotsen.

Hängt das Bild auch wirklich gerade?

Zum Überprüfen ohne Wasserwaage eine **Murmel oder einen Tischtennisball** auf den Rahmen legen. Rollt nichts weg, Stelle markieren und Nagel reinschlagen.

Bildergalerie in Szene gesetzt:

Ein Bild kommt hervorragend zur Geltung, wenn es **auf Augenhöhe** angebracht ist, also ca. bei 1,60 m. Ideal ist es, wenn ein Drittel des Bildes über der Augenhöhe und zwei Drittel darunterliegen.

Gesamtkomposition auspuzzeln

Um die Anordnung mehrerer Bilder anzutesten, bietet es sich an, alle auf den Kopierer zu legen, die **Platzhalter an die Wand** zu kleben und sie in Ruhe hin- und herzuschieben, bis alles passt. Wichtig: Unbedingt die Rückseiten kopieren, dann sieht man gleich genau, wo die Nägel reinzuhämmern sind.

Kein Aufhänger zur Hand?

Schrauben Sie doch einfach den Verschluss einer **Getränkedose** dran.

Anti-Rutsch-Maßnahme

Nägel für Bilder nicht senkrecht, sondern **in leichtem Winkel** nach oben einschlagen. Damit lässt sich vorbeugen, dass das Bild nach vorne rutscht.

Gerade aufhängen ist sowieso langweilig?

Dann an mehreren Bildern ein **Seil befestigen** und alle zusammen an einem Nagel aufhängen. Also: Locker machen und einfach die Bilder baumeln lassen.

Keine Wasserwaage weit und breit?

Dann einfach das Handy auspacken und eine **App** herunterladen. Mithilfe der Sensoren des Smartphones lässt sich das Bild auch so lotrecht aufhängen.

Bloß nicht hängen lassen!

Sondern stehen. Als Alternative bietet sich das Anbringen einer **Bilderleiste** an. So lässt sich ohne Aufwand öfter umdekorieren, da man nicht jedes Mal Hammer und Bohrer auspacken muss.

4
TAPETEN
KLEISTER

SUPERSTYLISH

Wow, wo habt ihr das gekauft? Bei diesem Lob hüpft jedes Heimwerkerherz vor Freude. Wenn Sie Ihre Gäste mit stylishen DIY-Kreationen verblüffen wollen, lassen Sie sich von den Ideen in diesem Kapitel inspirieren. Toben Sie sich aus, machen Sie's sich schick!

MARMOR MAGIC

DER NAGELLACK geht fremd und hilft, das blasse Porzellan zu pimpen.

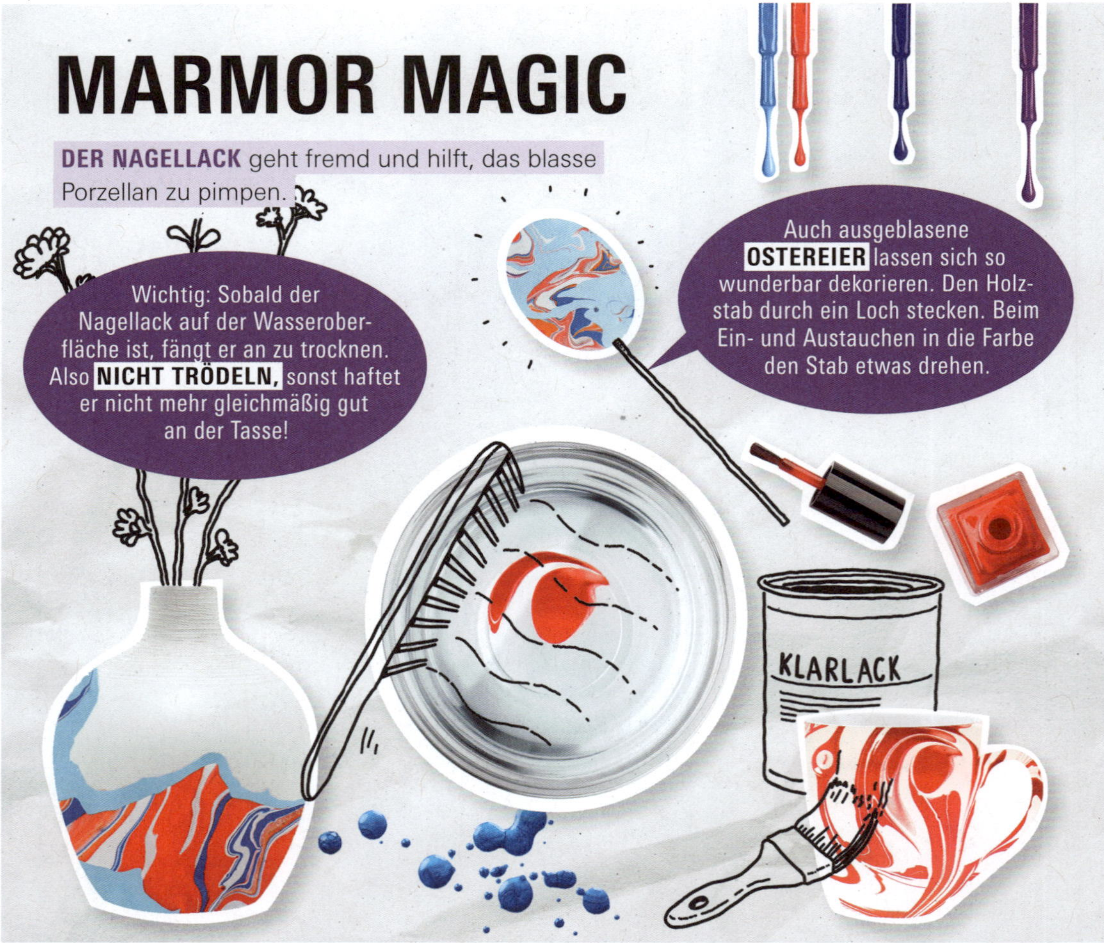

EINIGE TROPFEN NAGELLACK oder Marmorierfarbe in ein kaltes Wasserbad geben. Durch die an der Oberfläche schwimmenden Farben nach Lust und Laune mit Holzstäbchen, Kamm oder Gabel ziehen, sodass Marmorschlieren entstehen. Dann eine Tasse eintauchen und schnell herausziehen. Ein toller Look ist etwa, nur das untere Drittel reinzudippen. Auf Zeitungspapier trocknen lassen. Das Muster zum Schluss mit Klarlack fixieren, dann ist es spülmaschinenfest.

WACHSMALSCHMELZE

ZU ALT, um mit Wachsmalkreide zu spielen? Niemals!

AM ENDE DES REGENBOGENS liegt eine Reihe Wachsmalstifte: Oben am Rand einer Leinwand, eines Blattes oder einer Holzplatte festkleben, die Spitzen nach unten. Leinwand senkrecht gegen eine Wand lehnen und nähere Umgebung mit Zeitung abdecken. Stifte mit Heißluftpistole oder Föhn zum Schmelzen bringen. Draußen arbeiten und Atemschutzmaske tragen! Per Luftstrom von schräg oben die Verlaufslinien nach unten vorantreiben. Zuletzt mit Klarlack fixieren.

OMBRÉ – SCHICK SCHATTIERT

Ob beim Haaretönen, beim Anfertigen von Schichttorten für Hochzeiten oder bei bekannten App-Icons, dem Ombré-Look ist kaum zu entkommen. Ombré (franz. schattiert) ist grundsätzlich in zwei Varianten möglich: mit allmählichen, sanften Farbübergängen oder abgestuft, mit Sprüngen zwischen den einzelnen Farbtönen.

Wer sich inspirieren lassen will, kann sich im Baumarkt an Farbtonkarten und -streifen orientieren. Beim Dekorieren der eigenen vier Wände lässt sich der spannende Farbeffekt an vielen Stellen verwenden.

1 Schubladen

Kommoden und Schränke mit vielen Schubladen sind hervorragende Kandidaten für den Ombré-Look, da man hier pro Schublade einfach einen Farbton verwenden kann.

Die dunkelste Farbe wird meist ganz unten platziert, da man das Dunkle mit der Schwere der Erde und das Helle mit luftiger Höhe assoziiert.

Aber damit lässt sich herumspielen – man kann die Farbpalette auch auf den Kopf stellen.

2 Treppen

Oft erhält das Geländer als dekoratives Element die meiste Aufmerksamkeit. Wer aber den Setzstufen – das sind die senkrechten Bauteile zwischen zwei Stufen – einen Ombré-Farbverlauf verpasst, kann sich auf einen echten Hingucker freuen.

Schöne Variante: Die Flächen nicht komplett streichen, sondern auf hellem Untergrund Polka Dots in unterschiedlichen Farbtönen setzen.

Da kommt einem doch das Treppensteigen gleich viel weniger anstrengend vor.

3 Stühle

Wie wäre es, einzelne Teile von oben nach unten vom Dunklen ins Helle abzustufen? Die Beine dunkel, die Sitzfläche mittel und die Lehne hell.

Oder Sie kontrastieren farbige Teile mit naturbelassenem Holz.

Auch eine Idee: Streichen Sie einen einzelnen Stuhl nur in einer einzigen Farbe, aber benutzen Sie für drei bis vier Stühle, die Sie nebeneinander stellen, einen benachbarten Farbton.

4 Valentinstagsgeschenk

Wer nicht fleißig Korken gesammelt hat, kann sie in 50er-Packs im Bastelladen kaufen (oder die Korken halbieren für die doppelte Menge). Die Korken in Herzform eng aneinander auf dicke Pappe oder Balsaholz kleben und mit einem Cutter rundherum ausschneiden. Unten in einem dunklen Farbton bepinseln und nach oben heller werden. Zumindest die Farbtöne rot, weiß und pink sollte das Herz besitzen, je mehr, desto kunstvoller.

Und das praktischste: Wenn man sich an dem Herz satt geguckt hat, kann man den Wandschmuck noch als Topfuntersetzer verwenden.

5 Galeriewand

Wer sich nicht langfristig festlegen und vermeiden will, den Farbverlauf direkt auf Wände oder Möbel zu pinseln, kann einfach Karton in unterschiedlichen, aber benachbarten Farbtönen kaufen, sie als Passepartouts zuschneiden und hinter das Glas von rahmenlosen Bilderrahmen klemmen. So lassen sie sich reihenweise übereinander aufhängen und ergeben insgesamt eine eindrucksvoll in Szene gesetzte Ombré-Galeriewand.

FEINE FARBTUPFER

SIE MÖGEN'S EHER KLASSISCH weiß, wollen aber hier und da einen kleinen farbigen Akzent setzen? So geht's.

FALLS SIE EINEN DURCHGANG ohne Tür besitzen, nehmen Sie sich einige Rollen Washi Tape und dekorieren Sie ihn mit farbigen Streifen. Das Beste daran: Die Klebestreifen lassen sich ganz leicht wieder entfernen, wenn es doch nicht geworden ist, wie gedacht. Auch eine weiße Tür kann Ihnen einen Farbflash bescheren: Streichen Sie die Türblattkante bunt an – die poppige Farbpracht kommt dann nur kurz zum Vorschein, wenn die Tür geöffnet ist.

TOTAL VON DER ROLLE

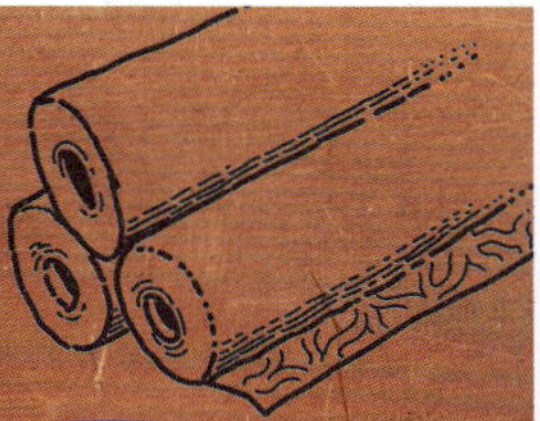

MÖBEL MÜSSEN NICHT LÄNGER neidisch auf die Wände sein: Auch sie werden jetzt meisterhaft kleisterhaft mit Tapete dekoriert.

Wer erst einmal **UNAUFFÄLLIG ÜBEN** will, kann zum Einstieg die Seiten von Schubladen tapezieren. Bei jedem Aufziehen werden die Farben dann nur kurz enthüllt.

Da Schrank- und Regalrückwände meist fest vernagelt werden, am besten **VOR DEM ZUSAMMENBAU** gleich überlegen, ob da hinten nicht ein Tapetenmuster toll hinpassen würde.

SCHICKE TAPETENMUSTER – auf Schubladen, Tischen, Schranktüren und Regalrückwänden! Dafür die Oberflächen genau ausmessen und die Tapete entsprechend zuschneiden. Fläche mit Tiefengrund streichen, damit der Kleister besser haftet. Besonders glatte Flächen etwas vorkleistern. Tapete einkleistern, einweichen lassen, aufkleben und Luftblasen herausstreichen. Am Schluss mit Tapetenschutz versiegeln, so wird das neue Möbel-Outfit strapazierfähig.

SPITZENSCHUBLADEN

OMAS GARDINEN und Spitzendeckchen werden unter den Mottenkugeln herausgekramt und als schicke Musterlieferanten neu entdeckt.

Für **GUTE BELÜFTUNG** sorgen, aber nicht draußen im Freien bei Wind arbeiten, sonst bläst's einem die Gardinen noch mittendrin weg.

Bereits benutzte Stücke **SPITZENSTOFF** nicht noch einmal für andere Flächen verwenden, sondern ganz frische nehmen, sonst riskiert man nur unnötige Farbschmierereien.

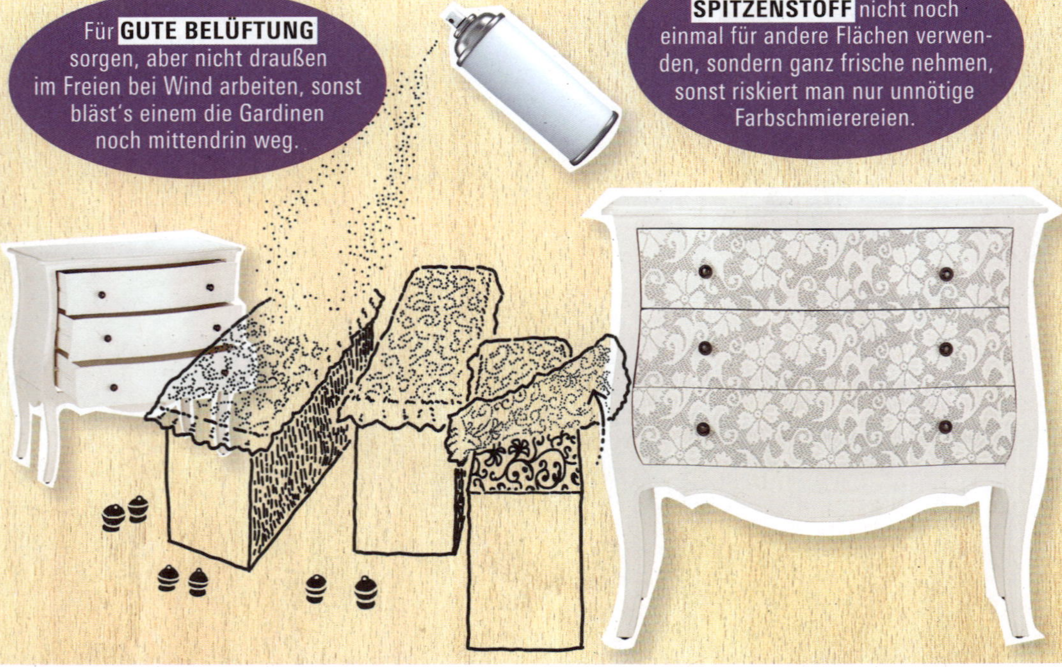

FÜR SPITZENSTOFFANMUTUNG auf Schubladen zunächst Griffe abschrauben, Holz gut säubern und bei Bedarf abschleifen. Die Spitze glatt bügeln und auf die zu dekorierenden Flächen legen. Rundherum mit Kreppband abkleben. Spitze und Holzoberfläche dünn und gleichmäßig mit Farbe besprühen – nicht zu nah rangehen! Soll's dunkler werden, zweite Schicht hinzufügen. Ist die Farbe trocken, Spitze einfach wegpellen. Zuletzt mit Klarlack versiegeln.

ANGETÄUSCHTER TISCH

EIN SCHWEBENDES BRETT hat ja jeder. So holen Sie Ihres mit einem Trick auf den Boden des Wohnzimmers zurück.

VORAUSSETZUNG FÜR DAS malerische Antäuschen von Tischbeinen ist, dass Ihr schwebendes Brett ungefähr auf einer Höhe angebracht ist, auf der man eine Tischplatte vermuten würde. Für die Beine können Sie sich eine Schablone aus Pappe anfertigen. Oder Sie kleben die Form mit Kreppband an der Wand ab. Noch einfacher: Per Beamer das Foto Ihres Wunschtisches an die Wand werfen. So müssen Sie den Umriss nur noch nachzeichnen.

TAFELFARBE ÜBERALL

Früher kannte man Tafeln vor allem aus der Schule fürs Pauken und in Restaurants, um das Menü zu präsentieren. Inzwischen erobern Tafeln die Häuser und Wohnungen der Republik.

Glatte Oberflächen wie Beton, Holz, Metall, Pappe, Kunststoff und Tapete sind für die Tafelfarbe am besten geeignet. Holz sollte vor dem Streichen unbedingt angeschliffen werden. Bei Kunststoff zuerst eine Grundierung auftragen. Tafelfarbe gibt es inzwischen nicht nur im klassischen Dunkelgrün und Schwarz, sondern auch in vielen anderen Tönen wie türkis, blau und rot. Tragen Sie zwei bis drei Schichten Tafelfarbe auf, damit sie ordentlich deckt.

1 Tafeltür

So sieht Übersicht aus: Notizen, Skizzen und To-do-Listen finden endlich ein Hauptquartier. In der Werkstatt lassen sich so die nächsten Projekte bestens planen. Eine Tafeltür bietet sich an, wenn der Hobbykeller zu eng ist, um ein Whiteboard aufzustellen.

Auch im Kinderzimmer macht sich das gut: gerade wenn die Kids gerne die Tapete anmalen, kann die Tür zum kontrollierten Austoben dienen. Vor dem Streichen das Abdecken des Türgriffs nicht vergessen – am praktischsten ist es, ihn in Alufolie einzuwickeln.

2 Tafelschrank

Streichen Sie Ihren Küchen- oder den Kühlschrank mit Tafelfarbe, um Einkaufslisten und Rezepte zu notieren oder Nachrichten an andere Familienmitglieder zu hinterlassen. Wenn die Tafel nicht immer zu sehen sein soll, einfach an die Innenseite von Schranktüren platzieren – so ist sie bei Bedarf schnell aufklappbar. Wem Streichen zu viel Arbeit bedeutet oder wer den Tafel-Look erst einmal unverbindlich testen will, der greift zur Tafelfolie. Diese lässt sich ruckzuck wieder entfernen, wenn's doch nicht so toll aussieht.

3 Tafelwand

Ganz Mutige verwandeln komplette Wände in Tafeln. Hier kann gespielt, gezeichnet und kommuniziert werden. Ganz schön interaktiv! Achtung: Bei solch großen Tafelflächen sollten Sie im Umkreis von min. 50 cm keine Gegenstände aufbewahren, weil der Kreidestaub dort ordentlich runterrieselt und alles eindeckt. Beim Farbenkauf auf die zwei Arten achten: Tafelfarbe und Tafellack. Nicht glänzende Tafelfarbe ist perfekt für Wände, während Tafellack bei Oberflächen aus Metall, Kunststoff und Holz meist die bessere Wahl ist.

4 Tafelkleinkram

Tassen, Gläser, Blumentöpfe lassen sich ebenfalls mit Tafelfarbe upgraden. Porzellan braucht eine spezielle Tafelfarbe, die nach dem Auftragen im Backofen eingebrannt wird, um spülmaschinen- und mikrowellenfest zu werden. Wer Servierbretter einpinselt, kann darauf z. B. die Namen verschiedener Käsesorten direkt neben die Snacks schreiben oder vor Inhaltsstoffen warnen, gegen die so mancher Gast allergisch sein könnte.

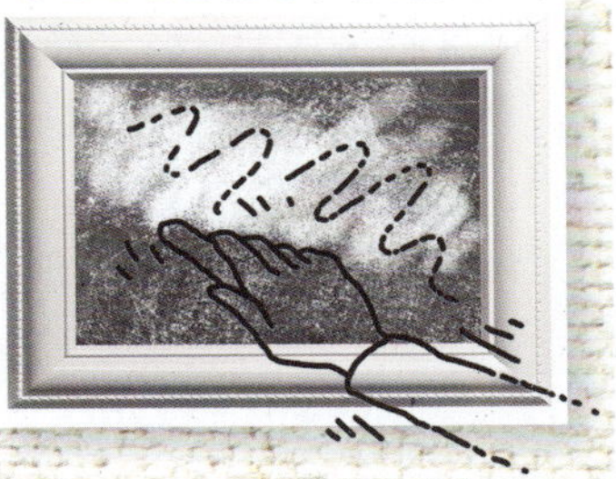

5 Gegen die Geister

Ganz wichtig: Vor dem ersten Benutzen mit der Breitseite eines ganzen Kreidestifts kreuz und quer über die gesamte Fläche reiben und danach mit einem feuchten Lappen abwischen. Ja, das wird ganz schön quietschen – aber da müssen Sie durch. Wer das vergisst, darf sich später nicht wundern, wenn Gemaltes und Geschriebenes nach dem Wegwischen nicht ganz verschwinden will, sondern den Betrachter als dunkles Schattenbild für immer heimsucht. Im Englischen nennt man das den „ghosting effect".

GLOBETROTTER

WIR MACHEN UNS DIE WELT, wie sie uns gefällt!

Tafelfarbe gibt es auch in der **SPRAYDOSE**. Wer den Globus oben im Loch aufhängt und ansprüht, kommt zügiger voran, weil man nicht erst warten muss, bis bestimmte Teile getrocknet sind.

Wer dem Globus ein paar **LÄNGENGRADE** verpasst, kann die Wochentage aufzeichnen und die coole Kugel als Terminplaner und To-do-Liste benutzen.

DEN GLOBUS möglichst von der Aufhängung abmontieren (oder diese gut mit Kreppband abkleben). Als Wegrollstopper können Sie eine Rolle Klebeband daruntersetzen. Zwei bis drei Schichten Tafelfarbe auftragen – zwischendrin immer erst trocknen lassen. Fertige Oberfläche mit der Breitseite einer Kreide komplett anmalen, wieder abwischen – und dann in Familie und WG die neuesten Reisepläne, Termine oder Liebesbotschaften untereinander austauschen.

GEBACKENE GLASKLUNKER

FÜR DEN KLASSIKER unter den Spielzeugen geht's heiß her, um ein paar kristallene Schmuckstücke aus ihnen zu zaubern.

DIE MURMELN auf einem Pizzablech für 20 Minuten bei 190 °C im vorgeheizten Ofen schwitzen lassen. Dann in eine Schüssel voll Eiswasser kippen. Durch den enormen Temperaturunterschied entstehen unter der Oberfläche an vielen Stellen Risse. Dekorativ demoliert! Wer mit Glas- oder Sekundenkleber eine Perlenkappe an der Murmel befestigt und einen passenden Haken einhängt, kann sich über einen Anhänger oder Ohrring im trendigen Kristall-Look freuen.

Es weihnachtet sehr

29,5 Millionen Weihnachtsbäume wurden 2017 in Deutschland verkauft. Aber selbstgewichtelt ist besser! Aus so vielen Dingen kann man Bäume basteln …

NADELLOSE WEIHNACHTEN

Wer Tannen lieber im Wald als im Wohnzimmer sieht, hat eine ganze Menge an nadellosen Alternativen zur Auswahl. Dabei müssen Sie nicht einmal allzu viel Aufwand betreiben, um etwas Weihnachtsbaumartiges in die gute Stube zu zaubern.

Die wohl einfachste Baumsimulation lässt sich mit einer ganz normalen Stehleiter erreichen. Einfach die Lichterketten und Girlanden um die Stufen wickeln. Kugeln kann man an die Kabel der Lichter hängen. Auf der obersten Stufe ein Engelchen thronen lassen, und unten drunter ist ordentlich Platz für allerlei Geschenke.

Richtig minimalistisch wird es, wenn Sie nur eine Lichterkette benutzen: Hängen Sie die Mitte des Kabels in einer Zimmerecke auf und überschlagen Sie die Enden mehrmals gegenseitig von außen her, sodass sich ein Christbaum andeutet. Die Kabel halten selbstklebenden Kabelclips an der Wand.

Emotional wird's, wenn Sie Fotos von Familie und Freunden ausdrucken und diese in einer pyramidenartigen Baumform übereinander auf ein Stück Karton kleben.

Sie besitzen eine Tafelwand? Perfekt! Wenn sie dunkelgrün ist, umso besser – dann können Sie mit etwas Washi Tape den Umriss einer Tanne abkleben. Oder: Sie malen den Baum einfach komplett mit Kreide.

Wer Shabby Chic Christmas feiern will, nimmt eine gesäuberte, abgeschliffene Europalette hochkant und klebt eine zackige Baumsilhouette drauf ab. Dann den Umriss weiß oder grün ausmalen und eine Lichterkette zwischen die Bretter fädeln. Geht auch ganz ohne Anstreichen: Dafür nur eine sehr lange bzw. mehrere Lichterketten so aufhängen, dass auf der Palette eine flächig leuchtende Dreiecksform entsteht.

Auch Lochplatten lassen sich in berauschende Bäume verwandeln. Sie können einen grünen Baum aufmalen oder auch per Kreuzstich mit Wollfaden eine Tannenform kreieren. Die Haken der Kugeln einfach in die Löcher einhängen. Die Lichter lassen sich von der Rückseite her durchstecken, sodass die Kabel ganz unsichtbar bleiben. Variante: Zwei identische zackige Baumformen ausschneiden. Dann die eine Form oben mittig bis zur Hälfte einschneiden und die zweite Form auf gleiche Art unten einschneiden. Am Ende die beiden Formen im rechten Winkel aufeinanderstecken und nach Lust und Laune schmücken.

WICHTEL WILLKOMMEN!

HABEN SIE'S SCHON SCHÖN HYGGELIG bei sich zu Hause? Hier ist der nächste skandinavische Einrichtungstrend.

Wenn Sie die Wichteltür nicht direkt auf Bodenhöhe anbringen, sondern über einer Sockelleiste, gehört definitiv eine **TREPPE, RAMPE ODER LEITER** zur Grundausstattung.

Auch in Irland wird kräftig gewichtelt: Dort sind **„FAIRY DOORS"** sehr beliebt.

DURCH DIE NISSEDØR, eine spezielle kleine Tür, ziehen zu Weihnachten in Dänemark die Wichtel ins Haus. Die einfachste Version einer Wichteltür lässt sich mit Bastelhölzern / Holzspateln (Länge 10–15 cm) bauen. 6–8 davon nebeneinander auf ein Stück Pappe kleben, evtl. noch Querbalken darüber befestigen. Lackieren oder mit buntem Washi Tape bekleben und aus einem Korkstück den Türgriff zuschneiden und befestigen. Mit Powerstrips in Bodennähe festkleben.

ZEIGT HER EURE KABEL

HÄSSLICHE KABEL verschandeln Ihr Haus? Noch lange kein Grund, sie unter den Teppich und in Kabelkanäle zu verbannen.

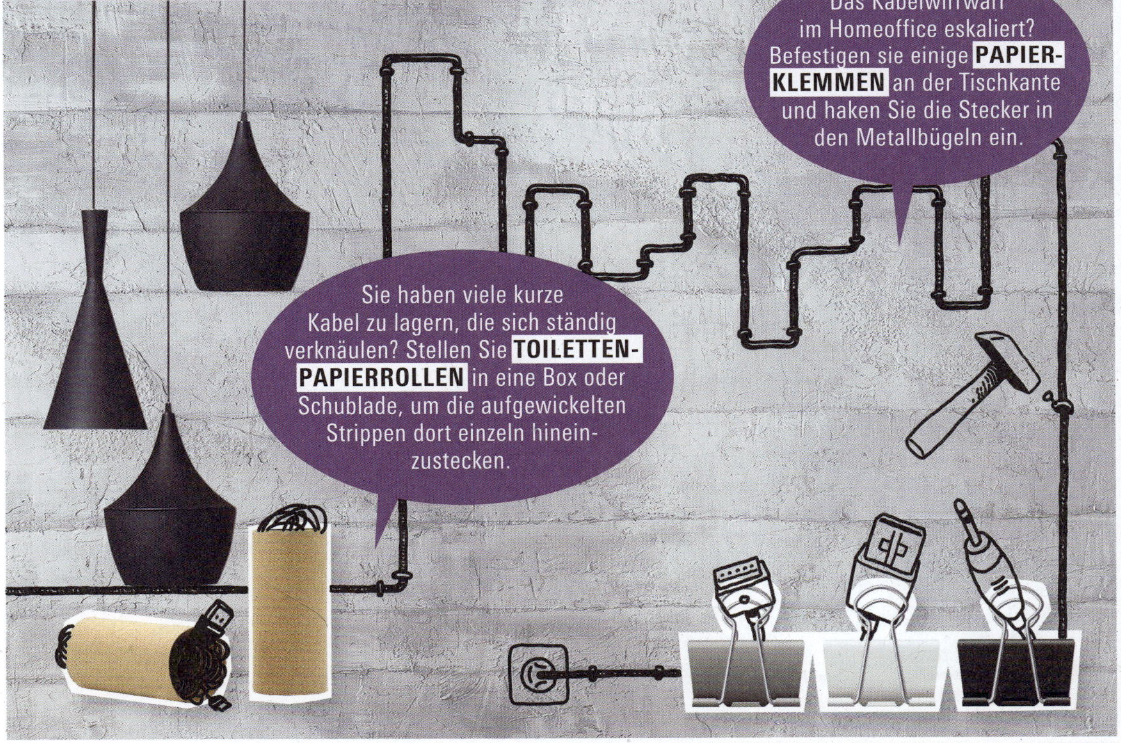

GEBEN SIE IHREN STRIPPEN eine Chance! Lampen-, Lautsprecher- und Telefonkabel sind tolles Rohmaterial, dem nur noch die richtige Form fehlt. Wer sich selbstklebende Kabelclips oder mit Nägeln zu befestigende Kabelschellen besorgt, kann kleine Kunstwerke an die eigenen Wände zaubern. Verlieren Sie sich dabei nicht in zu komplizierten Ideen: klare, prägnante Formen wie Herzen, einfache Schriftzüge und Stadtsilhouetten wirken am eindrucksvollsten.

RUBBELGLÜCK

BEIM GESCHENKEVERTEILEN kann's Ihnen gar nicht geheimnisvoll genug zugehen? So machen Sie's noch ein bisschen spannender.

Wer klassische Rubbelfelder nachahmen will, greift zu silbrig-grauer **ACRYLFARBE**. Aber natürlich lassen sich auch allerlei andere Farben benutzen.

Schreiben Sie z. B. mehrere Geschenkoptionen unter die Felder, von denen nur eines freigerubbelt werden darf. Und vergessen Sie nicht, eine **MÜNZE** mit beizulegen.

VERWANDELN SIE VALENTINSTAGSKARTEN und Gutscheine in ein kleines Versteckspiel, indem Sie sie mit Rubbelfeldern versehen: Über dem zu verbergenden Text oder Bild ein Stück durchsichtige Klebefolie, etwa Paketklebeband, befestigen. Die Ränder mit Kreppband abkleben. Acrylfarbe und Spüli im Verhältnis 2 : 1 mischen und die Folie damit einpinseln. Trocknen lassen. Insgesamt sollten Sie drei bis vier Schichten auftragen, damit der Belag auch gut deckt.

IN FARBE VERPACKT

EIN BILD VOM FLOHMARKT wird mit knalligen Farben aufgemotzt.

Ist das Motiv des Bildes an sich schon sehr bunt geraten? Dann **ALS KONTRAST** für die abdeckenden Farbflächen am besten schwarz oder weiß wählen.

Sie wollen Grenzen überschreiten? Besitzt das Bild einen Rahmen, dann übermalen Sie ihn in gerader Linie einfach mit. So wird die **KOMPLETTE FARBFLÄCHE** zum neuen Rahmen.

DAS BILD gefällt Ihnen ... so halb? Oder gar nur ein Viertel? Ein bisschen? Lassen Sie die Teile, die Ihnen nicht zusagen, unter einer satten Farbschicht verschwinden! Einfach den guten Bildausschnitt abkleben oder mit einer kreisrunden Maske abdecken und den Rest zumalen. Befindet sich das Bild hinter Glas? Dann auf jeden Fall Acrylfarbe nehmen – vorher aber mit Glasreiniger oder Brennspiritus von Fett befreien und trocknen lassen, bevor Sie die Farbe auftragen.

PUZZLEBRETTER

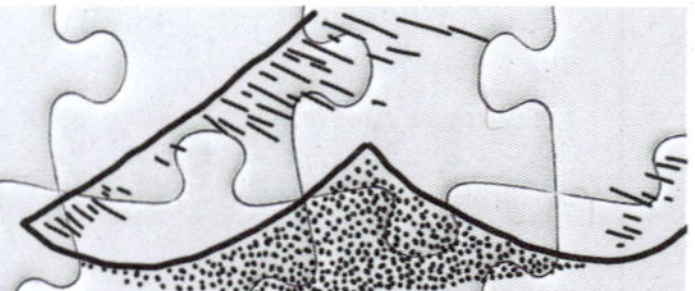

HOLZSCHNEIDEBRETTER müssen ein kleines Stückchen von sich einbüßen, um sich in ein praktisches Küchenspielzeug zu verwandeln.

Nicht nur schick, sondern auch nützlich: In die Ausbuchtung des Puzzlebretts kann man ein **STIELGLAS EINHÄNGEN,** um auf diese Weise einhändig Essen und Trinken zu servieren.

Anstatt einzelne Küchenbretter zu benutzen, können Sie sich natürlich auch ein **GANZES BRETT** aus dem Baumarkt besorgen und es in Puzzleteile zerschneiden.

ZWEI ODER MEHRERE Küchenschneidebretter aus Holz mit breiterem Griff nehmen. Den Griff so zurechtsägen, fräsen und schleifen, dass er wie der runde Kopf eines Puzzleteils aussieht. Diesen Kopf als Schablone auf das Ende des zweiten Bretts legen und den Umriss übertragen. Die markierte Ausbuchtung mit Stich- oder Bandsäge aussägen und abschleifen. Dies lässt sich immer weiter treiben, je nachdem, wie lang Ihr Riesenpuzzlebrett werden soll.

STEINZEIT IN DER KÜCHE

KIESEL, KORK UND KLEBER – mehr braucht es nicht, um einen hübschen Untersetzer zu basteln.

Den Zierkies gibt es in **UNTERSCHIEDLICHEN KÖRNUNGEN:** Je feiner Sie wählen, desto leichter ist es, die Steine so zu befestigen, dass sie sich zu einer wirklich ebenen Abstellfläche zusammenfügen.

Wer sich die Arbeit ersparen will, nach Kieseln zu wühlen, die eine glatte Fläche ergeben, benutzt stattdessen **GLASNUGGETS**. Diese sind an der Unterseite abgeflacht.

SCHNEIDEN SIE eine mindestens 10 mm dicke Korkplatte in die gewünschte Form – je nachdem, was Sie darauf abstellen wollen (oder einfach einen fertigen Korkuntersetzer kaufen). Den Kork mit einer Acrylfarbe streichen, die mit den Kieseln harmoniert. Nach dem Trocknen die Steine ohne Kleber auf dem Kork ausbreiten und flächendeckend und ebenerdig anordnen. Dann vom Rand nach innen die Steine mit 2-Komponenten- oder Natursteinkleber befestigen.

MIKADOROBE

SIE HABEN SICH SCHON IMMER GEFRAGT, was passiert, wenn man eine Garderobe mit einem Mikadospiel kreuzt? Ihr Rätselraten hat nun ein Ende.

Wem die Mikadorobe zu wenig Platz zum Aufhängen bietet, der kann unterhalb der Verschnürung auch noch **ZUSÄTZLICH HAKEN** für Taschen etc. anbringen.

Das schicke Teil ist nicht nur als Garderobe im Eingangsbereich ein minimalistischer Augenschmaus. Auch im **BADEZIMMER** lässt es sich als Handtuchhalter benutzen.

DA WACKELT NICHTS: drei bis vier Rundhölzer von 1,80–1,90 m Länge (jeweils ca. 4 cm Ø) im charakteristischen Mikadostreifenlook lackieren. Die Stäbe etwa 40–50 cm vom oberen Ende entfernt mit einem Hanfseil, einem Gummiseil mit Haken oder einem Lederriemen zusammenbinden. Unten so spreizen, dass alles einen stabilen Halt ergibt. Möbelfüße aus Gummi vermeiden Kratzer auf dem Boden und machen die Beine der Mikadorobe noch etwas standfester.

RUSTIKAL? RUSTICOOL!

EINE STRICKLEITER lässt sich dazu herab, im Bad die Handtücher zu halten.

VIER RUNDHÖLZER (ca. 50 cm lang, Ø ca. 5 cm) im Abstand von 5 cm zu den Holzenden mittig mit einem 12 mm Holzbohrer durchbohren. Die Enden des Seils (2,5 m lang, Ø ca. 10 mm) mit Kreppband umwickeln und in Form eines spitzen Keils auf dem Boden auslegen. Oberste Sprosse auffädeln und an der Unterseite Knoten setzen. Mit allen Sprossen wiederholen. Jetzt noch aufhängen und mit frischen Handtüchern oder schmutzigen Klamotten ausstaffieren.

PRIMA PATINA

KUPFER IM SCHNELLDURCHGANG altern lassen, um es mit Grünspan zu veredeln.

Wer eine eher **BLÄULICHE PATINA** heranzüchten will, verwendet nicht Essig, sondern Wasser. Auch hier gilt ein 1 : 3-Verhältnis von Dünger zu Wasser.

Die Dünger-Essig-Mischung nicht zu gleichmäßig auftragen – dann wirkt der **GRÜNSPAN** später wie natürlich „gewachsen“.

AUS NEU MACH ALT: Kupfer gründlich mit Brennspiritus säubern, Fingerabdrücke werden später als Flecken sichtbar. Pflanzendünger (mit Ammoniumsulfat) und Rotweinessig im Verhältnis 1 : 3 mischen, sodass sich die Düngerkörner auflösen. Kupfer mit der Lösung besprühen oder einreiben und mindestens 24 h einwirken lassen. Tadaa: Das Kupfer grünt so grün. Die Patina ist nicht abriebfest: zu Konservierungszwecken zusätzlich eine Kupferversieglung auftragen.

SCHICK VERSCHRANZT

ALS ZUTAT VON KOSMETIKA hilft Vaseline dabei, die Haut schön jung zu halten. Beim Heimwerken packt sie mit an, um Möbel schön alt zu machen.

Da Möbel an Ecken und Kanten ganz besonders schnell abgenutzt werden, sollte die **VASELINE** bevorzugt dort aufgetragen werden, um eine natürliche Alterung zu simulieren.

Vaseline ist quasi Kreppband zum Verschmieren: Beim Streichen zum Abdecken **AUF SCHRAUBEN UND SCHARNIERE** auftragen, sorglos drüberpinseln und danach bequem abwischen.

SHABBY CHIC macht verschiedene Farbschichten bewusst sichtbar. Nachdem die erste Schicht aufgepinselt und getrocknet ist, einfach hier und da Vaseline auftragen (oder mit farbloser Kerze reiben). Nicht übertreiben! Danach kontrastierende Farbschicht auftragen und trocknen lassen. Mit Tuch und Messer die eingefetteten Stellen abwischen, damit die untere Schicht wieder das Tageslicht erblickt. Abschließend die Farbe mit Holzwachs oder Klarlack versiegeln.

Wenn der Zahn der Zeit zu langsam nagt, wird mit eigenhändig zugefügten Gebrauchsspuren wie Schrammen und Patina an der Uhr gedreht, um das Altern von Möbelstücken und Accessoires voranzutreiben.

MÖBEL IM ZEITRAFFER ALTERN LASSEN

Ob Shabby Chic-, Vintage-, Retro- oder Used-Look: Möbel, die aussehen, als ob sie schon ganz schön was durchgemacht haben, sind in – weil sie vor lauter Charakter und Lebenserfahrung nur so strotzen, wie das runzlige Gesicht eines alten Menschen.

Wer dieses gelebte Leben im Schnelldurchlauf geschickt nachahmen möchte, kann mit folgenden Tricks nachhelfen.

Um bei hellem Holz Alterserscheinungen auftreten zu lassen, wird eine DIY-Beize hergestellt: Feine Stahlwolle in ein Schraubglas legen und mit Essigessenz übergießen und verschließen. Für 3 Tage einwirken lassen – oder auch länger, dann werden intensivere Verfärbungen beim Holz erzielt. Danach die Flüssigkeit durch ein Sieb oder ein Stück Küchenpapier gießen. Das Holz mit der Beize einpinseln.

Zwei Stunden einwirken lassen, den Effekt begutachten und bei Bedarf noch weitere Schichten auftragen. Essig plus Stahlwolle färbt grau – wer anfangs einige Esslöffel Kaffeepulver mit in die Beize hineingibt, erhält gräuliche Brauntöne.

Damit Farboberflächen den Makel des Makellosen verlieren, mit der Heißluftpistole die bereits auf das Werkstück aufgetragene Farbe erhitzen. Sobald sie Blasen wirft, mit einem Spachtel etwas freikratzen, sodass zuvor aufgetragene, andersfarbige Schichten darunter zum Vorschein kommen.

Um gleichmäßigeres, feineres Abblättern zu imitieren, kann man auch Reiß- oder Krakelierlack verwenden, den es fertig zu kaufen gibt.

Um bei Beschlägen aus Eisen ein würdevolles Alter zu simulieren, legen Sie sie eine Stunde in dreiprozentige Salzsäure oder Batteriesäure ein. Achtung: Stark ätzend – Haut und Augen entsprechend schützen und für gute Belüftung sorgen.

Danach das Metall gut abspülen und abbürsten. Anschließend stark erhitzen, z. B. mit einem Brenner. Zuletzt in Öl oder Holzwachs abkühlen lassen und sich am „neu gewachsenen" Rost erfreuen.

Verzinkte Eimer und Schüsseln auf alt trimmen? Gummihandschuhe anziehen, Eimer auf den Kopf stellen und WC-Reiniger bzw. Urinsteinlöser mit Salzsäure vorsichtig drübergießen. Mit Stahlwolle gleichmäßig auf der Oberfläche verteilen. Nach 20 Minuten abspülen und trocknen. Die glanzvollen Zeiten des Eimers sind vorbei – er besitzt nun einen stumpf-matten Look.

ANHANG

TESTERGEBNISSE DER STIFTUNG WARENTEST

Die Tester der Stiftung Warentest sowie unsere europäischen Partnerorganisationen untersuchen regelmäßig Werkzeuge und Zubehör.

Dies sind die Sieger der letzten Tests.

Akku-Bohrschrauber
Unsere Kollegen der belgischen Partnerorganisation Test Achats knöpften sich zuletzt diesen Gerätetyp vor, im März 2018. Das beste Ergebnis erzielte die halbprofessionelle Makita DDF484RTJ.

Bohrer und Bohrer-Sets
Wir testeten das Zubehör zuletzt im Mai 2017.

Bei Bohrern für Stein und Beton wurden alle Artikel mit SDS-Aufnahme mit sehr gut bewertet – die Makita B-46545-10 siegte knapp.

Bei Bohrern mit Standardschaft lagen die mit sehr gut bewerteten Artikel Bosch 2609255417 und Bauhaus Craftomat 22381833 gleichauf vorn.

Alle Bohrer für Holz wurden im Test mit sehr gut bewertet und waren empfehlenswert.

Den ersten Platz teilten sich die Produkte von Alpen, Bauhaus, Bosch, DeWalt, Hawera, Heller, Pattfield und Wolfcraft – mit den nachfolgenden Artikeln nur knapp dahinter.

An Bohrer für Metall und Stahl werden im Einsatz die höchsten Anforderungen gestellt. Testsieger war der als sehr gut beurteilte Artikel Makita P-73673.

Positiv: Zwar waren einige Bohrer schon nach drei Bohrungen nicht mehr zu gebrauchen, insgesamt gab es an den Bohrungen selbst aber kaum etwas zu beanstanden.

Bohrer-Sets für Stein, Holz und Metall überzeugten im Vergleich zu den Einzelprodukten weniger. Testsieger waren die mit test-Qualitätsurteil gut bewerteten Artikel Bosch 2607017038 und Makita D-46202.

Stichsägen
Im Test vom März 2016 offenbarten sich große Qualitätsunterschiede. Die Urteile bei den 19 Sägen reichten von sehr gut bis mangelhaft. Gleich zwei landeten auf dem ersten Platz: Festool Trion PS 300 EQ-Plus und Makita 4351 FCTJ (beide in Stabform mit Kabel). In Bügelform mit Kabel gewann das Modell Bosch PST 900 PEL mit der Bewertung gut.

Stichsägeblätter und -Sets für Holz und Metall
Das Zubehör testeten wir zuletzt im Mai 2017.

Es existiert in zwei Materialvarianten: Teurer ist Bimetall (Lagenstahl mit hartmetallbeschichteter Schneide). Die günstigere Variante für Holz heißt HCS (High-Carbon-Steel), für Metall heißt sie HSS (High-Speed-Steel).

Bimetallsägeblätter sind biegsamer, was sich in Kurvenschnitten bemerkbar macht. Davon abgesehen gibt es qualitativ wenig Unterschiede zwischen den Materialien.

Bei Stichsägeblättern für Holz gewann Bosch T308BFP 2608636737, bewertet mit sehr gut. Sägeblätter aus Bimetall schnitten sich deutlich schneller durch ein 40 mm dickes Buchenbrett. Bei Spanplatten lagen beide Blatttypen gleich auf.

Bei Stichsägeblätter für Metall lag das mit sehr gut bewertete Bosch T121BF 2608636702 vorn. Die meisten Sägeblätter vermieden Grate an den Schnittkanten vergleichbar sehr gut bis gut.

Stichsägeblätter-Sets für Holz und Stahl kombinieren die Anzahl pro Material nicht hälftig, sondern je nach Marke unterschiedlich. Das mit gut bewertete Set Bosch 2609256746 setzte sich im Test durch. Günstiger sind die Sägeblätter im Set zwar durchaus, wer eher auf Qualität setzt, ist jedoch besser beraten, sich sein Set selbst zusammenzustellen.

Multifunktionswerkzeuge
Sie werden auch Oszillatoren genannt. Die Kollegen der französischen Verbraucherzeitschrift Que choisir haben Sie im Juni 2017 getestet.

Der Vorteil der Geräte ist ihre Vielseitigkeit: Leisten sägen, Fugen entfernen, Rohre kappen, Stühle schleifen oder Kleber vom Fußboden schaben ist alles möglich mit einem Gerät – und seinen verschiedenen Aufsätzen. Die drei besten Produkte, Makita TM3010, Bosch PMF 250 CES und Fein MultiTalent Quickstart Oszillierer 250W gibt es auch im deutschen Handel.

Wandfarben
Im September 2017 testeten wir Wandfarben. Die Untersuchung ergab: Auch ohne Konservierungsmittel malert es sich prima. Die Farben dünsten weniger aus und decken ebenso gut. Den ersten Platz teilen sich die mit gut bewerteten Produkte Alpina Alpinaweiß Unsere Beste, Schöner Wohnen Polarweiss und Düfa Superweiss plus sowie, mit dieser rezepturgleich, Prisma Edelweiß und Super Nova Premium Brilliantweiß.

Alle Testergebnisse sowie Artikel mit Hintergrundinformationen finden Sie auch im Internet unter www.test.de.

REGISTER

A

Abbeizer optimieren 130
Abkleben 70
Abschleifen 102
Abschleppseil nutzen 30
Abstreichhilfe basteln 66
Acrylfarbe 135, 190, 191, 193
Akkuschrauber beim Kochen 28
Akzente setzen, farbige 178
Alufolie nutzen 54, 66, 75, 108
Anti-Rutsch-Farbe 76
Arbeitsschutz 24, 39, 57, 81, 99, 143, 199
Atemschutzmaske 24, 81, 99
Audiokassettenhülle nutzen 127
Aufbewahrungsbox nutzen 106
Aufbewahrungssystem bauen 56
Aufhängen 125
Augenschutz 24
Auseinanderbauen, Kleinteile aufbewahren 123
Auto, Öl nachfüllen 54

B

Beize herstellen 199
Beleuchtung 24
Belüftung 24
Benzo(a)pyren 143
Besen
– Ersatz 139
– optimieren 148
Besteckhalter, alternative 153
Beton nutzen 14, 161, 163
Bilder
– alternative Aufhänger 171
– anbringen 47, 170
– , Anordnung mehrerer 170
– verschönern 71, 177, 191
Bilderleiste anbringen 171
Billardkugel nutzen 157
Bleistifte nutzen 121
Blumen pflanzen 159, 160
Blumen-Etagere basteln 152
Blumenkästen nutzen 122
Blumenkübel herstellen 163
Blumentöpfe verschönern 183
Blutflecken beseitigen 135
Böden rutschfest machen 76
Bodenpuffer, alternative 91
Bohraufsatz abkühlen 25
Bohren (Thema) 10
– durch Holz 11
– durch Papier 12
– , gerades 49
– große Löcher 18
– in Glas 13
– in Metall 25
– über Kopf 138
– , sicheres 49
Bohrer 68
– als Säge 34
– als Zwirbler 10
– fixieren 11
– kühlen 25
– lenken 29
– optimieren 49
Bohrhilfe basteln 29
Bohrloch
– für Dübel optimieren 11
– sauber verkitten 17
– , senkrechtes 29
– versiegeln 10
Bohrmehl 14, 15, 138
Brandschutz 39
Briefumschlag nutzen 54, 138
Butylhandschuhe 92

C/D

CDs nutzen 167
Chipsdose nutzen 69
Chlorparaffine 143
Cutter 35, 108
Dämpfe vermeiden 24
Dichtungsmaterial auswählen 84
Dose vor Austrocknen bewahren 67
Drahtkleiderbügel nutzen 66, 68, 79
Dreck beseitigen 135
Drehteller nutzen 79, 81
Dübel
– herausziehen 16
– , passende 14
Dübellöcher aufbessern 84

E

Ecken abrunden 45
Eierkartons nutzen 71
Eimer
– altern lassen 199
– tragen 73, 149
Einmachglas nutzen 185
Eisen altern lassen 199
Elektrogeräte kaufen 39
Emulsionsfarbe beseitigen 135
Epoxidharz nutzen 169
Erste-Hilfe-Kasten 39
Essig nutzen 67, 199
Etagere herstellen 155
Europalette nutzen 187

F

Fahrradlenker optimieren 150
Fahrradschlauch nutzen 96, 150
Farbdosen 66, 77
Farbe
– mischen 68, 69
– sieben 74
– umfüllen 54
Farbgeruch überdecken 67
Farboberflächen bearbeiten 199
Farbrolle optimieren 66
Feuerlöscher 39
Fingernägel säubern 139
Fixier-Hilfen 96, 97
Flasche, Dosiervorrichtung 77
Flaschenöffner, alternativer 53
Flüssiges umfüllen 54
Föhnhalterung 149
Forstnerbohrer 18, 33, 111, 152
Foto-Baum 187
Fräsen (Thema) 110, 111
French-Cleat-Aufhängung 56
Frischhaltefolie nutzen 66, 75
Fuchsschwanz 41
Fuge, Material bestimmen 84
Fugenerneuerung 82
Furnier zuschneiden 38
Fußböden verschönern 169
Fußleiste schneiden 37

G

Garderobe basteln 157, 166, 194
Gardinen nutzen 180
Garten, hängender 19
Gartengeräte aufhängen 149
Gartenschlauch nutzen 73, 151
Gehörschutz 24
Getränkedosenverschluss 171
Gewindeschraube kürzen 34
Girlanden nutzen 187
Gitarrenplekton nutzen 87
Glasbohrer 13
Gläser verschönern 183
Glasnuggets nutzen 185, 193
Globus verschönern 184
Golf Tees nutzen 71
Golfball nutzen 156
Gummigitter-Stauraum 140
Gummihandschuhe nutzen 77
Gummi-Möbelfüße nutzen 60
Gürtel nutzen 165
Gutscheine verpacken 190

H

Haare, Farbe entfernen 139
Hammer-Tipps 58, 60, 112
Hände von Fett befreien 139
Handkreissäge optimieren 40
Handschuhe trocknen 77
Handtuchhalter basteln 194, 195
Handy während Heimwerken 127
Hängeschränke anbringen 47
Harke 123, 148
Haustier-Korb basteln 159
Heben, richtiges 73
Heißkleber 90, 91, 98, 123
Hinterfüllprofil 83
Hirnholz 115
Hocker aus Beton herstellen 163
Hohlkammersteine bepflanzen 160
Holz
– bearbeiten 199
– bohren 11, 18
– Brandflecken vermeiden 19
– Erste Hilfe 113
– fixieren 91
– glätten 130
– sägen 35
– schleifen 104
– verleimen 89, 98
Holzkitt 17, 99, 113
Holzschneidebretter gestalten 192
Holzschutzmittel beseitigen 135
Holzspaltung 52, 59, 61
Holzstaub 99
Holzwurm bekämpfen 131

J/K

Japansäge 36
Jeans nutzen 120
Kabel ordnen 77, 118, 189
Kabelbinder 21
Kabeleinziehhilfe 55
Kaffeedose nutzen 69
Kaffeefilter nutzen 54, 138
Kaffeekapseln 141, 146
Karten gestalten 190
Katzenstreu nutzen 130
Kerzenwachs entfernen 113
Kiesel nutzen 193
Klauenhammer 59, 139
Klebeband ordnen 148
Klebefolie, blasenfreie 93
Kleben siehe Leimen
Kleidung, brandsichere 39
Klingenschutz, alternativer 91
Klorollen nutzen 189
Koffer nutzen 159
Konservendosen nutzen 153
Kopfhörer 24
Kordeln aufbewahren 122
Korken nutzen 103, 177, 188
Korkenzieher nutzen 16
Korkplatte nutzen 193
Kräuter pflanzen 159, 160
Kreuzschlitzschrauben lockern 53
Kronkorken versiegeln 169
Küchenpinsel nutzen 88
Küchenschränke verschönern 182
Kunststoffkorken nutzen 85
Kupfer altern lassen 196

L

Lack entfernen 130
Laminat 46
Längsschnitt, gerader 40
Lappen, ölgetränkte 39
Laserpointer nutzen 47
Lattenrost selbst bauen 129
Ledergürtel nutzen 122
Leerrohr, Zugdraht vergessen 55
Leimen (Thema) 86, 87, 88, 89
Leiter 57, 77
Lichterketten nutzen 187
Löcher bearbeiten 53, 111
Lochplatte nutzen 71, 125, 187
Lockenstabhalterung 149
Lüften 24

M/N

Maler-Tipps 66, 69, 70
Marmorierfarbe nutzen 174
Maßband optimieren 42
Messageboard basteln 159
Messer schärfen 108
Messer-Schutz 91
Messingbürste nutzen 130
Metall
– aufsammeln 137
– bohren 25
– sägen 34
Minibar, individuelle 159
Möbel verschönern 71, 179, 197
Möbelpolitur beseitigen 135
Mosaik basteln 167
Motoröl beseitigen 135
Muffinformen nutzen 119
Münzen nutzen 44, 112
Murmeln nutzen 185
Nägel 58, 61
Nagelknipser nutzen 52
Nagellack nutzen 126, 135, 174
Nagellöcher sauber verkitten 17
Nägel-Organizer 123
Nagelspitze abstumpfen 59
Nitrilhandschuhe 92
Notizbuch basteln 12
Nylonstrümpfe nutzen 74

O

Oberfräse siehe Fräsen
Ohrringe 147, 185
Ohrstöpsel 24
Ölfarbe beseitigen 135
Ombré-Look nutzen 176
Ostereier dekorieren 174

P

PAK (polyzyklische aromatische Kohlenwasserstoffe) 143
Papierbohrer basteln 12
Papierklemmen nutzen 72, 189
Patina herstellen 196
Phthalate 143
Pilzbildung verhindern 84
Pinsel 66, 72, 75, 77, 88
Pinselreiniger 135
Plastikflasche nutzen 54, 122, 138
Plastikkarte nutzen 88, 113
Platte tragen 30
Porzellan
– nutzen 155
– verschönern 174, 183
Pulverförmiges umfüllen 54
Punktestandzähler basteln 157
Puzzlebretter basteln 192
PVC-Rohr 31, 33, 95, 148

Q/R

Quarzsand nutzen 76
Querschnittsägen 41
Radiergummi nutzen 100
Rahmen
– auf Gehrung schneiden 37
– verzieren 167
Rauchmelder 39
Raufasertapete ausbessern 65
Regal basteln 165
Regalbretter, alternative 159
Regalstauraum nutzen 140
Rohrisolierung nutzen 75, 136
Rohrklemmen herstellen 95
Rost erzeugen 199
Rostflecken beseitigen 135
Rubbelfelder herstellen 190
Rundholz 20, 195

S

Säge- und Schleifarbeiten 99
Sägeblatt 41, 124, 151
Sägemehl 19, 99, 105, 139
Sägen (Thema) 19, 33, 36, 41
Sandfarbe herstellen 76
Sauber machen 138
Saugaufsatz, improvisierter 138
Schaber, alternativer 87
Schablone 44, 46
Schadstoffe 143
Schallplatte nutzen 44, 147
Schaltknopf fürs Auto basteln 157
Schärfen 108
Schaufel optimieren 148
Scheuern, schnelles 138
Schienen-Aufbewahrungssysteme 56
Schimmelbildung verhindern 84
Schleifblock für Zierprofile 107
Schleifen 104, 148
Schleifgerät basteln 100
Schleifpapier
– abschneiden 124
– falten 109
– nutzen 72, 78, 107, 108
– optimieren 105, 148
Schleifstaub entfernen 99

Schmiere beseitigen 135
Schneidebretter nutzen 192
Schnur durchtrennen 31
Schnüre aufbewahren 122
Schrankgriff basteln 157
Schrauben 26, 51, 52, 53
Schrauben-Organizer 123
Schraubenschlüssel 51, 123
Schraubenzieher 52, 54, 112
Schraubgewinde schmieren 53
Schraubgläser nutzen 122
Schraub-Tipps 52
Schubladen
– Schrauben versenken 26
– umfunktionieren 123
– verschönern 176, 178, 180
Schubladengriff 27, 43, 163
Schuhsohlen aus Gummi 101
Schüsseln altern lassen 199
Schutzbrille 24
Schwammpinsel nutzen 21
Schweres aufhängen 56
Schwimmnudel nutzen 75, 136
Seil als Tragehilfe 30
Sessel basteln 159
Silikonfugen erneuern 82, 83
Silikon-Reste verwenden 101
Silikonspritze verschließen 85
SNR-Wert 24
Spanngurte nutzen 96, 97
Sperrholz splitterfrei sägen 35
Sperriges tragen 30
Spitzendeckchen nutzen 180
Spraydosen 79, 81, 122
Sprühfarbe verwenden 79, 81
Ständerbohrmaschine, Alternative 29
Staub beseitigen 74, 139
Staubtücher reinigen 138
Steckdosenleisten, mehrere 39
Stifte anklammern 121
Stirnleuchte basteln 24
Stöpsel herstellen 133
Strickleiter basteln 195
Strumpfhosensieb basteln 74
Stuhl
– Beine anpassen 103
– fixieren 91
– verschönern 177

T

Tablett verschönern 169
Tafelfarbe nutzen 182
Tapete 62, 65, 179
Tapezier-Tipps 62–65
Tasse
– mit Tafelfarbe 183
– nutzen 154
– reparieren 132
Teelichthalter basteln 185
Teerflecken beseitigen 135
Testergebnisse der Stiftung Warentest 202
Textilien schneiden 38
Tisch, falscher 181
Tischbeine, alternative 152, 181
Tischkicker nutzen 166
Tischkreissäge 20, 40
Tischplatte
– nutzen 152
– verschönern 169
Tischsäge 103
Töpfe verzieren 167
Topfuntersetzer basteln 21, 177
Tragehilfe herstellen 118, 149
Treppen 176
Trichter
–, improvisierte 54
– nutzen 122
Tropfschutz basteln 69
Tür verschönern 178, 182

U/V

Überschwemmung 136
Unfälle vermeiden 24
Unterlegscheiben nutzen 44, 112
Untersetzer basteln 193
Vaseline nutzen 91, 197
Verlängerungskabel verlegen 118
Versiegeln 168
Vinylraumteiler basteln 147
Vliestapeten 62, 65
Vorhang 47, 146, 147, 154

W/Z

Wachskerze nutzen 41
Wachsmalkreide 175
Wand 14
– mit Tafelfarbe 183
– prüfen 14
– vor Feuchtigkeit schützen 84
Wandhalterung basteln 149
Wäscheklammer nutzen 121
Waschmittelflasche nutzen 69
Wasserschieber improvisieren 136
Wasserwaage 47, 49, 171
Weihnachtsbäume basteln 186
Weihnachtsdekoration 186, 188
Weinflaschen nutzen 152
Weingläser aufhängen 149
Werkstatt
– Grundausstattung 39
– ordnen 119, 122
Werkzeuge, Halt verbessern 150
Werkzeuggurt basteln 120
Werkzeugmarkierungen 126
Werkzeug-Schutz 91
Whiteboard, Alternative 182
Winkel messen 41
Zierprofile abschleifen 107
Zink altern lassen 199
Zwei-Komponenten-Kleber 92
Zwingen 21, 35, 94, 96, 102, 113

Die Stiftung Warentest wurde 1964 auf Beschluss des Deutschen Bundestages gegründet, um dem Verbraucher durch vergleichende Tests von Waren und Dienstleistungen eine unabhängige und objektive Unterstützung zu bieten.

Stiftung Warentest
Lützowplatz 11–13
10785 Berlin
Telefon 030/26 31–0
Fax 030/26 31–25 25
www.test.de
email@stiftung-warentest.de

USt-IdNr.: DE136725570

Vorstand: Hubertus Primus
Weitere Mitglieder der Geschäftsleitung:
Dr. Holger Brackemann, Daniel Gläser

Programmleitung: Niclas Dewitz

Autor: Jakob Thoma
Projektleitung / Lektorat: Johannes Tretau
Korrektorat: Nicole Woratz, Berlin
Fachliche Unterstützung: Michael Koswig
Mitarbeit: Merit Niemeitz
Titelentwurf: Axel Raidt, Berlin
Layout, Grafik, Satz: Annett Hansen, Berlin
Bildrecherche, Bildredaktion, Litho: Annett Hansen, Berlin
Illustrationen: Aike Arndt, Berlin
Bildnachweis: Shutterstock (alle Seiten), Fotolia (S. 10, 52, 58, 60, 66, 68, 74, 75, 77, 78, 84, 86, 90, 94, 104, 122, 133, 136, 134, 139, 149, 152, 164, 168, 183, 185, 197, 198)
Produktion: Vera Göring
Verlagsherstellung: Rita Brosius (Ltg.), Romy Alig, Susanne Beeh
Druck: Media-Print Informationstechnologie GmbH, Paderborn

ISBN: 978-3-86851-491-9

Wir haben für dieses Buch 100 % Recyclingpapier und mineralölfreie Druckfarben verwendet. Stiftung Warentest druckt ausschließlich in Deutschland, weil hier hohe Umweltstandards gelten und kurze Transportwege für geringe CO_2-Emissionen sorgen. Auch die Weiterverarbeitung erfolgt ausschließlich in Deutschland.